Kochen
Macht Spaß

Verlag Poiesz Uitgevers
Koog aan de Zaan
Niederlande
www.poieszuitgevers.nl

1. deutsche Auflage Mai 2014
1. niederländische Auflage Januar 2011.
Originaltitel: *Koken met smaak*

Übersetzung: Textcase, Utrecht
Umschlaggestaltung und Layout: Joen design, Wormer
Rezeptfotos: Poiesz Uitgevers, Koog aan de Zaan
Foto's Umschlag und Seiten 13, 15, 70-76, 86, 90, 91, 104, 113, 115:
Cameron studio, Wormer
Autorenfotos: Jola Mulder, Hengelo
Weitere Illustrationen: Joen design, Wormer
Redaktion und Projektbetreuung: Zij van boven, Bussum

ISBN: 978 94 91549 59 5
NUR 443

Kochen Macht Spaß

Lecker & Leicht in der Zubereitung

Astrid Slettenaar

Inhalt

Vorwort Dr. Ziemssen

Eine gesunde und ausgewogene Ernährung ist für jeden Menschen gut und wichtig - auch für Menschen, die an Multipler Sklerose erkrankt sind. Obwohl es keine spezielle „MS-Diät" gibt, die heilt oder die Erkrankung verhindert, scheint es wissenschaftliche Hinweise auf einen Zusammenhang zwischen Ernährung und dem Auftreten von Multipler Sklerose bzw. ihrem Verlauf zu geben.

Bei Empfehlungen zur Ernährung wird jedoch leider oft übersehen, dass die Mahlzeiten auch zubereitet werden müssen. Die speziellen Probleme, die auftreten, wenn MS-Patienten kochen, können sich Menschen ohne Multiple Sklerose oft gar nicht vorstellen:

- Wie koche ich bei Müdigkeit?
- Wie koche ich bei Gefühlsstörungen?
- Wie koche ich mit meinen Kindern?

Das vorliegende Kochbuch nimmt daher die besondere Perspektive des MS-Patienten beim Kochen ein, was gleichzeitig das Besondere an diesem Buch ist. Aufgrund ihrer langjährigen Erfahrung als MS-Schwester kennt die Autorin die Schwierigkeiten der Betroffenen genau. Es geht ihr daher nicht einfach nur um gute und gesunde Ernährung bei MS, sondern um den gesamten Prozess der Nahrungszubereitung: vom Einkauf bis zum Genuss einer leckeren Mahlzeit. Was schließlich den doppelten Zweck erfüllt, Spaß am Kochen zu haben, während man sich gleichzeitig gesund ernährt. Dabei ist Aktivität in der Küche Trumpf! Viel Freude mit den tollen Rezepten.

Prof. Dr. med. Tjalf Ziemssen
Oberarzt und Leiter des Multiple Sklerose Zentrums, Uniklinikum Dresden

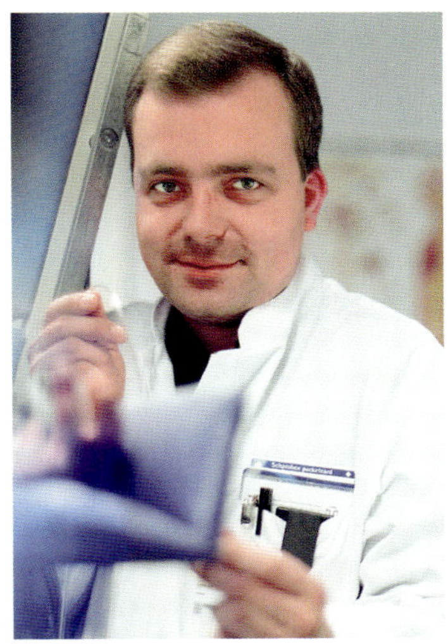

Gesunde Ernährung kann
Spaß machen!

Eine ausgewogene Ernährung ist das A & O einer gesunden Lebensweise – für MS-Patienten ebenso wie für deren Familien. Man bezeichnet die Multiple Sklerose als die Krankheit mit den 1000 Gesichtern und deshalb ist auch nicht jeder Tag gleich. Manchmal fällt der Alltag leicht und damit auch das Kochen, gelegentlich kann es mühsam sein. Der Tag wird zu einer Herausforderung für die körperliche Leistungsfähigkeit. Gerade dann ist es schön, wenn man Kochrezepte an der Hand hat, die den Aufwand klein halten und auch noch Freude bereiten.

Als medizinische Fachangestellte und MS-Fachberaterin erlebe ich täglich hautnah, wie belastend die Erkrankung für meine Patienten sein kann. Eine schnelle und einfache Handhabung der Zutaten ist für viele bereits eine große Erleichterung. Mit diesem Kochbuch steht jedem Leser ein Angebot an leckeren Rezepten zur Verfügung, die seiner individuellen Situation entsprechen. Es gibt Speisen, die schnell zubereitet sind, wenn die Fatigue im Vordergrund steht, oder Mahlzeiten, die bei Blasenfunktionsstörungen und Darmträgheit hilfreich sein können. Darüber hinaus finden sich Gerichte, die den kleinen Geldbeutel berücksichtigen und Alternativen zu hochpreisigen Lebensmitteln aufzeigen.

Zwischen den einzelnen Rezepten werden MS-Symptome erläutert und entsprechende ernährungswissenschaftliche Tipps gegeben, die verständlich aufbereitet und für den Laien ohne Weiteres nachvollziehbar sind. Sie werden Spaß an den unterhaltsamen Texten finden und mit Vergnügen ans Werk gehen. Vielleicht laden Sie gelegentlich ein paar Freunde ein und verwöhnen sie mit Ihrer Kochkunst.

Guten Appetit!

Margit Adam
Medizinische Fachangestellte und MS Fachberaterin der TEVA GmbH

Tipp **Wenn Sie mit der Krankheit Multiple Sklerose leben (aber auch sonst), ist es wichtig, dass Sie Entspannung finden. Ihr Leben sollte nicht von Stress und Hektik beherrscht sein. Das gilt natürlich auch beim Kochen. Wenn Sie Freude daran haben, sind Sie konzentriert bei der Sache, und die Mahlzeit gelingt.**

1. Kochen und Müdigkeit

Achtzig Prozent der Menschen mit Multipler Sklerose leiden unter Erschöpfung. Häufig handelt es sich dabei nicht um die Folge einer besonderen Kraftanstrengung, sondern um eine chronische Form der Ermüdung. Dann stellt sich am Ende eines langen Tages mit der Familie oder bei der Arbeit die Frage, ob die Kraft noch ausreicht, um eine schmackhafte Mahlzeit zu servieren. Die hier vorgestellten Rezepte sind auch während eines Schubs verwendbar, wenn die Erschöpfung vorübergehend zunimmt.

Sämtliche Gerichte sind schnell zubereitet und enthalten alle Nährstoffe, die der menschliche Organismus braucht. Jedes Rezept ist für vier Personen gedacht.

Salat mit Kräuter-Hähnchenfilet

Zubereitungszeit: 5 Minuten

2 Esslöffel Olivenöl
400 g Hühnerbrustfilet, gewürfelt
350 g Kartoffeln, vorgekocht und gewürfelt
4 Esslöffel rote Currypaste
Salz
1 kleine Zucchini
200 g gemischter Salat
1 Flasche Salatdressing mit Kräutern

1 Das Öl in einer Pfanne erhitzen und das Hähnchenfilet, die Kartoffelstücke und die Currypaste fünf Minuten darin braten. Mit Salz abschmecken.

2 Die Zucchini der Länge nach halbieren und die Kerne mit einem Teelöffel entfernen. Das Fruchtfleisch in dünne Scheiben schneiden und in einer Schüssel mit den Salatblättern vermengen.

3 Den Salat auf Tellern verteilen und das Hähnchen sowie die Kartoffelstücke darauf anrichten. Das Dressing gesondert servieren.

Schmeckt lecker mit Papadams (indischen frittierten Fladen).

Tipp **Morgens haben Sie oft mehr Energie als am späten Nachmittag. Es empfiehlt sich daher, mittags zu kochen und warm zu essen. Abends müssen Sie sich dann nur noch ein Butterbrot schmieren. So sparen Sie Energie.**

Geschmortes Schweinefleisch in Sojasauce

Zubereitungszeit: 5 Minuten

300 g Schweinefleisch
125 g Speckstreifen
3 Esslöffel Zitronensaft
2 Esslöffel Sonnenblumenöl
400 g thailändisches Wokgemüse mit Chilischoten (z.B. tiefgekühlt)
5 Esslöffel Ketjap Manis (süße Sojasauce)
100 ml heißes Wasser
Salz und (frisch gemahlener) Pfeffer

1 Das Fleisch in einer Schüssel mit den Speckstreifen und dem Zitronensaft vermengen.

2 Das Öl in einer Bratpfanne erhitzen. Das Fleisch mit dem Gemüse bei starker Hitze zwei Minuten unter ständigem Rühren anbraten.

3 Ketjap Manis und heißes Wasser dazugeben und weitere drei Minuten schmoren lassen. Mit Salz und Pfeffer abschmecken.

Schmeckt lecker mit Reis und Krabbenchips.

Brokkoli aus dem Wok mit Maiskolben und Cashewkernen

Zubereitungszeit: 10 Minuten

4 Esslöffel Öl
1 rote Zwiebel, in Ringe geschnitten
2 Knoblauchzehen, in Scheiben geschnitten
100 g Babymaiskolben
150 g Champignons, in Scheiben geschnitten
400 g Brokkoli
2 Esslöffel Ingwersirup
2 Esslöffel Limettensaft
Salz und (frisch gemahlener) Pfeffer
100 g Cashewkerne

1 Das Öl im Wok erhitzen, die Zwiebel und den Knoblauch darin anschwitzen. Die Maiskolben, die Champignons und den Brokkoli dazugeben, unter Rühren drei bis vier Minuten bei starker Hitze braten.

2 Drei Esslöffel Wasser, Ingwersirup und Limettensaft hinzufügen und das Gemüse weitere zwei bis drei Minuten erhitzen.

3 Das Gericht mit Salz und Pfeffer abschmecken und die Cashewkerne unterrühren.

Schmeckt lecker mit asiatischen Mie-Nudeln oder Reis.

Kräuteromelette mit Zwiebeln und Tomaten

Zubereitungszeit: 10 Minuten

2 Esslöffel Olivenöl
2 Zwiebeln, fein gewürfelt
Salz und (frisch gemahlener) Pfeffer
1 Dose Kirschtomaten
1 Frühlingszwiebel, in Ringe geschnitten
8 Eier
4 Esslöffel fein geschnittene frische Kräuter (Oregano, Petersilie, Basilikum)
30 g Butter

1. Das Öl in einer Pfanne erhitzen und die Zwiebel darin anschwitzen. Mit etwas Salz und Pfeffer würzen. Einen Deckel auf die Pfanne setzen und die Zwiebel drei Minuten dünsten lassen. Die Tomaten halbieren und zusammen mit der Frühlingszwiebel hinzugeben. Alles weitere zwei Minuten dünsten lassen.

2. Die Eier in einer Schüssel verrühren. Mit dem gedünsteten Gemüse sowie drei Esslöffeln der Kräuter vermischen und mit Salz und Pfeffer abschmecken.

3. Die Hälfte der Butter in einer Pfanne mit Antihaftbeschichtung zergehen lassen und die Hälfte der Eiermischung dazugeben. Das Omelette bei niedriger Hitze backen, bis die Unterseite goldbraun und die Oberseite fast trocken ist. Das Omelette wenden und die andere Seite ebenfalls goldbraun backen. Das zweite Omelette genauso zubereiten.

4. Die Omelettes in acht Teile zerschneiden und auf einer flachen Schale oder einem Teller anrichten. Mit dem Rest der Kräuter bestreuen.

5. Die Omelettes zusammen mit dem Gurkensalat servieren.

Schmeckt lecker mit Gurkensalat und Weißbrot.

Mexikanische Tortillas mit Kabeljau und Garnelen

Zubereitungszeit: 10 Minuten

400 g Kabeljau, in Stücke geschnitten
1 Teelöffel Tacogewürz
Salz und (frisch gemahlener) Pfeffer
3 Esslöffel Sonnenblumenöl
1 Glas Salsadip (scharf)
125 g Garnelen, geschält und gekocht
4 fertige Tortillas
125 ml saure Sahne
200 g Eisbergsalat, in Streifen geschnitten

1. Den Kabeljau mit dem Tacogewürz, Salz und Pfeffer würzen.
2. Das Öl in einer Pfanne mit Antihaftbeschichtung erhitzen. Die Fischstücke darin von beiden Seiten braun anbraten.
3. Salsadip und Garnelen hinzufügen und zwei Minuten lang erhitzen. Mit Salz und Pfeffer abschmecken.
4. Die Tortillas in einer Pfanne auf beiden Seiten knusprig backen. Mit saurer Sahne bestreichen, etwas Salat darauf geben und die Fischmischung darauf verteilen. Die Tortillas von beiden Seiten umklappen.
5. Zusammen mit dem restlichen Salat servieren.

Schmeckt lecker mit Guacamole und Kirschtomaten.

Schnelle Spaghetti Bolognese

Zubereitungszeit: 15 Minuten

300 g Vollkornspaghetti
2 Esslöffel Olivenöl
2 Zwiebeln, fein gehackt
2 Knoblauchzehen, fein gehackt
300 g Rinderhackfleisch
1 Packung passierte Tomaten (500 g)
1 Dose Tomaten in Stücken (400 g)
1 Würfel Fleischbrühe
1 Teelöffel getrocknete oder 1 Esslöffel frische italienische Kräuter
Cayennepfeffer
75 g Parmesankäse, grob gerieben

1 Die Spaghetti in einem Topf mit reichlich Wasser nach Packungsanweisung bissfest kochen und in einem Sieb abtropfen lassen.

2 Das Öl in einer Pfanne erhitzen und die Zwiebel sowie den Knoblauch darin circa zwei Minuten anbraten. Das Rinderhack hinzufügen und unter Rühren braun und locker anbraten. Passierte Tomaten, Tomatenstücke, den zerkleinerten Brühwürfel und die italienischen Kräuter hinzufügen und alles zum Kochen bringen. Die Sauce im zugedeckten Topf circa zehn Minuten köcheln lassen. Mit Cayennepfeffer abschmecken.

3 Die Spaghetti in tiefe Teller geben und die Sauce darüber verteilen. Mit dem Käse bestreuen.

Schmeckt lecker mit grünem Salat mit Balsamicodressing.

Tipp Wie Sie sich die Arbeitsschritte besser einteilen können:

- Manche Mahlzeiten eigenen sich hervorragend, um sie in mehreren Schritten zuzubereiten, so auch Spaghetti Bolognese. Sie können die Sauce mit dem Gemüse und dem Fleisch schon morgens vorbereiten. Am Abend kochen Sie dann die Spaghetti und servieren die aufgewärmte Sauce.
- Sie können die doppelte Menge kochen und die Hälfte für eine weitere Mahlzeit einfrieren.
- Bereiten Sie von herzhaften Tartes gleich zwei oder drei Stück zu (je nach Größe des Ofens) und frieren diese ein.
- Was Sie immer in der Tiefkühltruhe auf Vorrat haben sollten: Gemüsemischungen (für eine schnelle Suppe oder ein Wokgericht), Fisch und fertig gewürztes Fleisch, Kartoffelscheiben, Saucen mit Gehacktem zu Nudeln.
- Was Sie immer im Kühlschrank auf Vorrat haben sollten (beispielsweise für ein leckeres Frühstück): Schinkenwürfel, Speckstreifen, Käse, Joghurt, Eier.
- Reis, Nudeln und asiatische Mie-Nudeln können Sie immer schon vorkochen und später schnell in der Mikrowelle aufwärmen. Nach dem Kochen sollten Sie unter die Nudeln einen Esslöffel Öl geben, dann kleben Sie nicht so stark aneinander. Wenn Sie den Reis oder die Nudeln wider Erwarten am Abend nicht benötigen, können Sie diese immer noch sehr gut einfrieren.

2. Kochen mit Sensibilitätsstörungen

Sensibilitätsstörungen der Haut sind oft die ersten Symptome von MS. Das Gefühl in den Händen nimmt ab oder verändert sich. So kann ein Prickeln oder Brennen auftreten oder ein Taubheitsgefühl. Wenn der Tastsinn beeinträchtigt ist, wird man auch etwas ungeschickter. Das kann beim Kochen zu Schwierigkeiten führen. Gerichte, für die man viele Zutaten schneiden muss, werden zur Belastung. Darum enthält dieses Kapitel Rezepte mit einfacher, leichter Zubereitung. Für die Gerichte brauchen Sie wenige Vorbereitungen und müssen nicht viel schneiden. Jedes Rezept ist für vier Personen gedacht.

Süßsaure Tilapiastreifen mit Paprika

Zubereitungszeit: 10 Minuten

2 Esslöffel Sonnenblumenöl
500 g Tilapia- oder Pangasiusfilet, in Streifen geschnitten (den Fisch eventuell schon im Geschäft in Streifen schneiden lassen)
450 g fertiges Wokgemüse mit Paprika
2 Esslöffel Zitronensaft
4 Esslöffel Ketchup
2 Esslöffel süße Chilisauce
Salz und (frisch gemahlener) Pfeffer

1. Das Öl in einem Wok oder einer Gourmetpfanne erhitzen und den Fisch darin eine Minute lang unter Rühren anbraten.
2. Das Wokgemüse, den Zitronensaft, den Ketchup und die Chilisauce hinzufügen und circa vier Minuten lang unter Rühren anbraten, bis der Fisch gar ist. Mit Salz und frisch gemahlenem Pfeffer abschmecken.
3. Schmeckt lecker mit gekochtem Reis oder Reisnudeln.

Gut zu wissen **Wenn Sie am Wasserhahn ein Thermostat anbringen, senken Sie das Risiko, sich unter heißem Wasser zu verbrühen. Hängen Sie Topflappen neben die Mikrowelle beziehungsweise den Ofen und gewöhnen Sie sich an, diese beim Herausnehmen des Essens zu benutzen. Auch ein elektrischer Dosenöffner und ein Werkzeug für Deckel können hilfreich sein, wenn Sie unter Sensibilitätsstörungen leiden.**

Rinderbouillon mit italienischem Gemüse

Zubereitungszeit: 10 Minuten

1 Glas Rindfleischbrühe (350 ml)
1 Würfel Fleischbrühe
250 g fertiges italienisches Pfannengemüse
3 getrocknete Tomaten in Öl, abgetropft
Salz und (frisch gemahlener) Pfeffer
1 Beutel Knoblauchcroutons

1. Die Brühe in einem Suppentopf mit einem halben Liter Wasser und dem Brühwürfel zum Kochen bringen. Das Gemüse hinzufügen und in drei Minuten bissfest kochen.

2. Die Tomaten in feine Streifen schneiden und für eine Minute zu der Suppe geben. Mit Salz und Pfeffer abschmecken.

3. Die Bouillon in Schalen füllen, die Croutons darüber streuen oder gesondert servieren.

Kräuter-Hähnchenstreifen mit Ananas und Gemüse

Zubereitungszeit: 10 Minuten

2 Esslöffel Sonnenblumenöl
1 Teelöffel Ingwerpulver
450 g Hühnerbrustfilet, in Streifen geschnitten
250 g fertiges italienisches Pfannengemüse
100 g Champignons, in Scheiben geschnitten
2 Knoblauchzehen
1 kleine Dose Ananas in Stücken
100 g Sojasprossen
1 Esslöffel Ketjap Manis (süße Sojasauce)
250 ml Schlagsahne
Salz und (frisch gemahlener) Pfeffer

1. Das Öl in einem Wok erhitzen und das Ingwerpulver hinzufügen. Bei niedriger Hitze braten, bis der Ingwer seinen Duft entfaltet. Die Hähnchenstreifen hinzufügen und bei starker Hitze in circa zwei Minuten rundum braun anbraten. Das Gemüse, die Champignons sowie die ausgepressten Knoblauchzehen hinzufügen und drei Minuten lang braten.

2. Zum Schluss Ananasstücke, Sprossen, Ketjap Manis und Sahne unter die Hähnchenmischung geben und für weitere drei Minuten erhitzen. Mit Salz und Pfeffer abschmecken.

3. Schmeckt lecker mit gekochtem Reis.

Gut zu wissen **Machen Sie sich keine Sorgen, wenn Sie Probleme mit dem Timing haben. Dann ist das Gemüse eben etwas zu „al dente" oder zu gar. Wen stört das? Hauptsache, es ist Ihnen gelungen, eine gute und leckere Mahlzeit für sich und andere auf den Tisch zu bringen. Eine angebrannte Pfanne hat noch niemandem geschadet.**

Pitabrot mit Hähnchen und Zaziki

Zubereitungszeit: 10 Minuten

2 Esslöffel Sonnenblumenöl
2 Esslöffel Zitronensaft
1/2 Esslöffel flüssiger Honig
2 Knoblauchzehen
3 Teelöffel mildes Chilipulver
Salz und (frisch gemahlener) Pfeffer
350 g Hühnerbrustfilet in Streifen
4 Pitabrote
1 Becher fertiger Zaziki

1. Das Öl mit dem Zitronensaft, dem Honig, dem ausgepressten Knoblauch und den Gewürzen vermischen. Die Hähnchenstreifen darunter rühren.

2. Die Pitabrote toasten.

3. Inzwischen eine trockene Pfanne mit Antihaftbeschichtung erhitzen und darin die Hähnchenstreifen mit der Marinade in circa fünf Minuten unter Rühren goldbraun garen.

4. Die Brote aufschneiden und das Hähnchenfleisch hineinfüllen. Den Zaziki mit einem Löffel über die Füllung geben. Sofort servieren.

Grüne Tagliatelle mit Sahnesauce

Zubereitungszeit: 10 Minuten

500 g grüne Tagliatelle, frisch
250 ml Schlagsahne
300 g Brokkoliröschen
200 g Schinkenstreifen
Salz und (frisch gemahlener) Pfeffer
100 g mittelalter Käse, gerieben

1. Die Tagliatelle nach Packungsanweisung bissfest kochen.

2. Die Schlagsahne in einen Topf gießen und die Brokkoliröschen dazugeben. Zum Kochen bringen und den Brokkoli in vier Minuten garen, dann mit dem Stabmixer pürieren. Die Schinkenstreifen untermischen und die Sauce eine Minute lang erhitzen. Mit Salz und Pfeffer abschmecken.

3. Die Tagliatelle auf Teller verteilen, die Sauce darüber geben und mit dem Käse bestreuen. Schmeckt lecker mit Tomatensalat.

Kartoffelpfanne

Zubereitungszeit: 15 Minuten

- 120 g geräucherte Speckwürfel
- 700 g kleine Kartoffeln
- 1 Teelöffel Thymian
- 600 g Brokkoli
- Salz und (frisch gemahlener) Pfeffer
- 2 Eier
- 4 Esslöffel Schlagsahne

1. Die Speckwürfel drei Minuten lang in einer Pfanne anbraten. Die Kartoffeln und den Thymian hinzufügen und weitere fünf Minuten zugedeckt braten. Anschließend den Deckel von der Pfanne nehmen und noch einmal fünf Minuten braten.

2. In der Zwischenzeit den Brokkoli in Salzwasser in fünf Minuten bissfest garen.

3. Die Eier mit der Sahne aufschlagen und mit Salz und Pfeffer abschmecken. Die Mischung zu den Kartoffeln gießen und bei mittlerer Hitze stocken lassen.

4. Die Kartoffelpfanne mit dem Brokkoli servieren.

Ratatouille mit Pangasiusfilet

Zubereitungszeit: 10 Minuten

- 1 Packung Tomato frito (passierte Tomaten)
- 400 g fertiges Ratatouillegemüse
- 1 Esslöffel Kräuter der Provence
- 600 g Pangasiusfilet (tiefgefroren), in Stücke geschnitten (ca. 3 cm)
- 100 ml trockener Weißwein
- Salz und (frisch gemahlener) Pfeffer

Tipp Verwenden Sie beim Kochen und Backen am besten Zutaten mit vielen verschiedenen Farben und Gerüchen. So macht die Zubereitung Spaß und Sie können sich besser konzentrieren.

1 Das Tomato frito (passierte Tomaten) in einen Topf geben, Gemüse und Kräuter hinzufügen und das Pangasiusfilet darauflegen. Den Topf bedecken und die Sauce zum Kochen bringen.

2 Die Hitze reduzieren und alles fünf Minuten lang dünsten. Zwei Minuten vor Ende der Garzeit den Wein hinzufügen. Mit Salz und Pfeffer abschmecken.

Schmeckt lecker mit Baguette und gesalzener Butter.

Hackfleisch aus dem Wok mit Erbsen und Tomaten

Zubereitungszeit: 15 Minuten

2 Esslöffel Öl
1 Zwiebel, gehackt
2 Knoblauchzehen, gehackt
1 Teelöffel Ingwerpulver
400 g Rinderhackfleisch
1/2 Teelöffel Cayennepfeffer
Salz und (frisch gemahlener) Pfeffer
1 Dose Tomatenstücke (400 g)
250 g Erbsen, tiefgefroren
1 Esslöffel Zitronensaft
1 Esslöffel Petersilie, fein geschnitten oder tiefgefroren

1 Das Öl im Wok oder in einer Pfanne erhitzen und die Zwiebel darin circa zwei Minuten lang anbraten. Knoblauch und Ingwerpulver hinzufügen und eine Minute lang weiter braten. Das Rinderhack dazugeben, nach Geschmack würzen und locker anbraten.

2 Die Tomaten mit ihrer Flüssigkeit, Erbsen und Zitronensaft hinzufügen. Alles zum Kochen bringen und abgedeckt circa zehn Minuten lang köcheln lassen. Mit Petersilie bestreuen.

Schmeckt lecker mit Reis und Spinat.

Tipp **Konzentrieren Sie sich auf das Kochen und Backen und bleiben Sie in der Nähe. Wenn Sie für längere Zeit weggehen, solange etwas köchelt oder im Ofen gart, stellen Sie sich einen Wecker, der Sie daran erinnert, wann das Essen fertig ist.**

Herzhafte Quiche mit Schinken und Champignons

Zubereitungszeit: 15 Minuten/Backofen: 45 Minuten

500 g Champignonscheiben (aus dem Glas)
6 getrocknete Tomaten, in Streifen geschnitten
250 g Schinkenstreifen
1 Esslöffel italienische Kräuter
Salz und (frisch gemahlener) Pfeffer
3 Eier
3 Esslöffel Milch
1 Esslöffel flüssige Margarine
5 Scheiben Blätterteig, aufgetaut
1 Esslöffel Paniermehl

1. Den Ofen auf 200 °C vorheizen.
2. Die Champignons gut abtropfen lassen und mit den Tomatenstreifen, den Schinkenstreifen sowie den italienischen Kräutern vermischen. Mit Pfeffer und Salz abschmecken.
3. Die Eier mit der Milch aufschlagen und unter die Champignonmischung geben.
4. Eine Quicheform mit Margarine einfetten und mit Blätterteig auskleiden. Den Boden mit einer Gabel mehrmals einstechen und das Paniermehl darüber streuen. Die Champignonmischung darauf verteilen.
5. Die Quiche auf der mittleren Schiene des Ofens 30–40 Minuten goldbraun backen.

Sauerkraut mit Rührei und Rösti

Zubereitungszeit: 15 Minuten

50 g Chorizo (spanische Wurst)
3 Esslöffel Öl
1 Packung Kartoffelrösti (tiefgefroren)
1 Packung (gewürztes) Sauerkraut
2 Eier
2 Esslöffel Milch
Salz und (frisch gemahlener) Pfeffer

1. Die Chorizo in Scheiben schneiden.

2. 2 Esslöffel Öl in einer Pfanne erhitzen und darin die Rösti in sechs bis acht Minuten goldbraun braten.

3. Das Sauerkraut mit etwas Wasser in einen Topf geben und bei mittlerer Hitze erwärmen.

4. Die Eier mit der Milch aufschlagen und mit Salz und Pfeffer abschmecken. Das restliche Öl in einer großen Pfanne erhitzen, die Eiermischung dazugeben und rühren, bis das Ei gestockt ist. Das warme Sauerkraut und die Chorizo untermischen und zwei Minuten lang erhitzen.

Das Sauerkraut mit den Rösti servieren.

3. Fischrezepte

Fisch gilt als gesund. Das hängt vor allem mit den darin enthaltenen Omega-3-Fettsäuren zusammen. Diese gehören zu den so genannten mehrfach ungesättigten Fettsäuren, die auch im kalten Zustand flüssig bleiben. Unser Gehirn besteht überwiegend aus Fetten, daher sind für seine Entwicklung und sein Wachstum Omega-3-Fettsäuren besonders wichtig. Um die täglich empfohlene Durchschnittsmenge dieser Fettsäuren zu sich zu nehmen, sollte man zweimal pro Woche eine Portion Fisch (100 bis 150 Gramm) essen. Einmal pro Woche sollte es eine fette Fischsorte sein wie zum Beispiel Hering, Lachs, Sardine, Anchovis oder Makrele. Das entspricht der wöchentlich empfohlenen Menge für Omega-3-Fettsäuren, da mehr als zwei Portionen Fisch wöchentlich keinen oder kaum einen Zusatzeffekt haben. Fisch ist jedoch nicht nur ein guter Lieferant von Omega-3-Fettsäuren, sondern enthält auch andere gesunde Nährstoffe wie Eiweiße, Vitamine (vor allem Vitamin D) und Mineralien. Vitamin D scheint sich günstig auf das Krankheitsbild der Multiplen Sklerose auszuwirken.

Jedes Rezepte ist für vier Personen gedacht

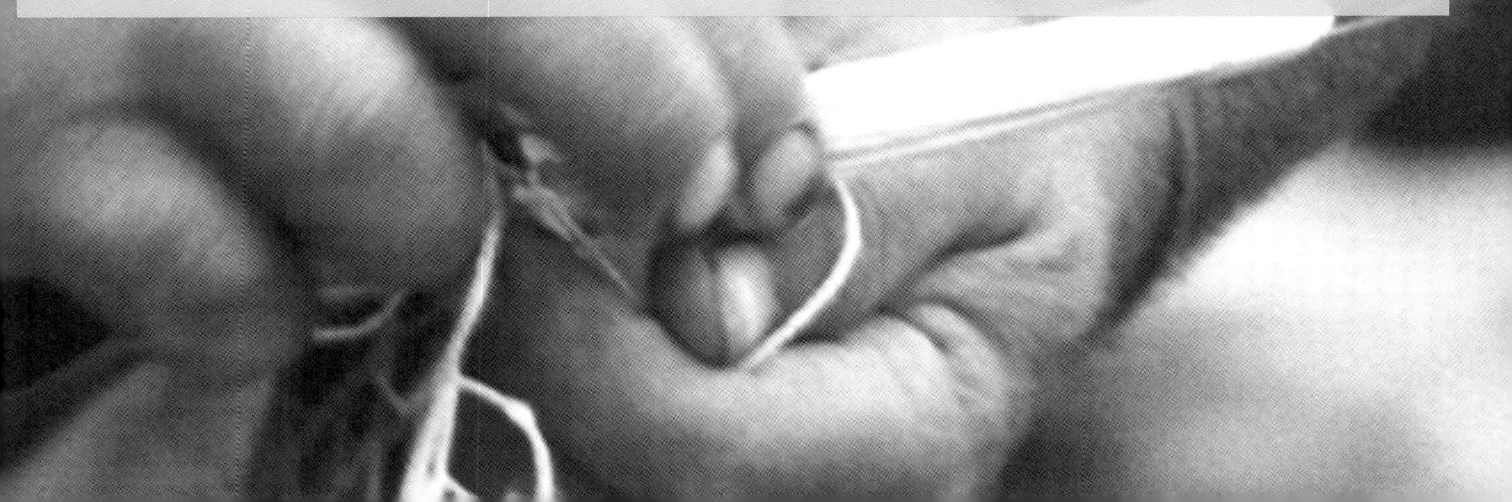

Muschelnudeln mit Sardinen und Zitronensahne

Zubereitungszeit: 15 Minuten

1 Becher Crème fraîche (125 ml)
3 Esslöffel Kapern, grob gehackt
geriebene Zitronenschale
2 Esslöffel Basilikumblätter, grob gehackt
Salz und (frisch gemahlener) Pfeffer
300 g getrocknete Muschelnudeln (Conchiglie)
1 Dose Anchovis, abgetropft und in Streifen geschnitten
4 Esslöffel Speiseöl
12 frische kleine Sardinen (geputzt)

1 Die Crème fraîche in einer Schüssel mit den Kapern, der geriebenen Zitronenschale und dem Basilikum vermischen, mit Salz und Pfeffer abschmecken.

2 Die Nudeln mit reichlich Salzwasser nach Packungsanweisung bissfest kochen und in einem Sieb abtropfen lassen.

3 Die Zitronensahne und die Anchovis unter die Nudeln mischen und alles kurz erwärmen.

4 In der Zwischenzeit das Öl in einer Pfanne mit Antihaftbeschichtung erhitzen und die Sardinen darin circa fünf Minuten lang braun anbraten. Nach der Hälfte der Zeit wenden.

5 Die Nudeln auf vier Teller verteilen. Die Sardinen darauf legen. Mit Pfeffer bestreuen.

Schmeckt lecker mit Tomatensalat.

Gebackene Lachsstreifen mit Knoblauch und Kräutern

Zubereitungszeit: 15 Minuten

600 g Lachsfilet, am besten ein dickes Stück
Salz und (frisch gemahlener) Pfeffer
4 Esslöffel Petersilie, fein geschnitten
4 Esslöffel Kerbel, fein geschnitten
2 Esslöffel Estragon, fein geschnitten
2 Esslöffel Dill, fein geschnitten
100 g Butter
2 Knoblauchzehen
10 Esslöffel Crème fraîche
2 Esslöffel Zitronensaft

1 Den Lachs mit Salz und Pfeffer einreiben. Das Filet quer in circa drei Zentimeter breite Streifen schneiden. Die Kräuter in einem tiefen Teller vermischen und die Lachsstreifen darin wälzen.

2 Die Butter in einer Pfanne mit Antihaftbeschichtung zergehen lassen und darin den ausgepressten Knoblauch etwa eine halbe Minute anbraten. Den Lachs hinzufügen, die Streifen bei mittlerer Hitze circa fünf Minuten hellbraun braten; ab und zu wenden.

3 Den Fisch auf den Tellern anrichten. Die Crème fraîche zum Bratfett geben und unter Rühren zum Kochen bringen. Die Sauce mit Salz, Pfeffer und Zitronensaft abschmecken und mit einem Löffel über den Lachs geben.

Schmeckt lecker mit kleinen Pellkartoffeln und gemischtem Salat.

Baguette mit provencalischem Makrelenaufstrich

Zubereitungszeit: 20 Minuten

2 Tomaten
100 g Makrelenfilet
1/2 rote Paprikaschote, in Stücke geschnitten
75 g schwarze Oliven ohne Kerne, grob gehackt
2 Frühlingszwiebeln, in schmale Ringe geschnitten
1 Esslöffel Olivenöl
2 Teelöffel Zitronensaft
(frisch gemahlener) Pfeffer
16 Baguettescheiben, schräg geschnitten
75 g mittelalter Gouda, in Scheiben geschnitten

1 Die Tomaten vierteln, Flüssigkeit und Kerne entfernen und das Fruchtfleisch in Würfel schneiden. Das Makrelenfilet in Stücke schneiden, eventuell vorhandene Gräten entfernen.

2 Tomaten, Makrelenfilet, Paprika, Oliven und Frühlingszwiebeln mit einem Stabmixer oder in der Küchenmaschine pürieren; die Mischung sollte noch etwas grob bleiben. Öl und Zitronensaft unterrühren und mit Pfeffer abschmecken.

3 Die Baguettescheiben mit dem Käse belegen und den Makrelenaufstrich darauf streichen.

Fischpäckchen in rohem Schinken mit Basilikumsauce

Zubereitungszeit: 30 Minuten

- **250 g festes Fischfilet (Seewolf, Seeteufel, Pangasius, Tilapia)**
- **Salz und (frisch gemahlener) Pfeffer**
- **4 Scheiben roher Schinken**
- **30 g Basilikum, grob gehackt**
- **2 Esslöffel Wein- oder Balsamicoessig**
- **2 Teelöffel Senf**
- **1 Teelöffel Zucker**
- **1 Knoblauchzehe**
- **200 ml fettarme Sahne**
- **40 g Butter**
- **5 Kirschtomaten, geviertelt**

1 Den Fisch in circa zwölf gleich große Stücke schneiden und mit Salz und Pfeffer würzen. Die Schinkenscheiben jeweils in drei lange Streifen schneiden. Die Fischstücke darin einrollen und die Päckchen mit Cocktailspießchen aus Holz befestigen.

2 Basilikum, Essig, Senf und Zucker in einen hohen Messbecher füllen, den ausgepressten Knoblauch und die Sahne dazugeben. Alles mit einem Stabmixer oder in der Küchenmaschine pürieren und mit Salz und Pfeffer abschmecken. Die Sauce anschließend in eine Stielpfanne gießen.

3 Die Butter in einer Pfanne mit Antihaftbeschichtung erhitzen und die Fischröllchen darin circa sechs Minuten lang rundum hellbraun garen. Die Sauce in der Stielpfanne erwärmen; ab und zu umrühren.

4 Die Sauce mit einem Löffel auf die Teller geben und die Fischpäckchen (ohne Spieße) darauflegen. Mit den Tomaten garnieren und das Gericht sofort servieren.

Gebackene kleine Seezungen mit Garnelen

Zubereitungszeit: 25 Minuten

8 kleine Seezungen ohne Haut
Salz
2 Zitronen
300 ml Milch
6 Esslöffel Mehl
60 g Butter
150 g Garnelen
etwas Petersilie zum Garnieren

1 Die Seezungen mit Küchenpapier trocken tupfen, auf beiden Seiten mit Salz einreiben und circa zehn Minuten einziehen lassen.

2 Eine Zitrone auspressen; die andere Zitrone halbieren und die Hälften vierteln. Die Milch in einen tiefen Teller gießen und das Mehl auf einen flachen Teller streuen. Die Seezungen erst in die Milch tauchen, abtropfen lassen und anschließend durch das Mehl ziehen; überschüssiges Mehl abschütteln.

3 Die Hälfte der Butter in einer Pfanne mit Antihaftbeschichtung erhitzen und vier Seezungen gleichzeitig in circa fünf Minuten goldbraun braten; nach der Hälfte der Zeit wenden. Die Seezungen aus der Pfanne nehmen und unter Alufolie warm halten. Die übrigen Seezungen in der restlichen Butter ebenfalls braten.

4 Den Zitronensaft und die Garnelen in das Bratfett geben und unter Rühren circa eine halbe Minute lang erhitzen.

5 Die Seezungen auf die Teller legen und die Garnelen mit einem Löffel darauflegen. Mit Zitronenstücken und Petersilie verzieren. Schmeckt lecker mit Tomatensalat und Pommes frites.

Fisch-Lauch-Topf

Zubereitungszeit: 25 Minuten/Backofen: 25 Minuten

2 Esslöffel Margarine
1 Zwiebel, gehackt
2 Knoblauchzehen, fein gehackt
500 g Lauch, in Ringe geschnitten
4 Esslöffel fertiges Pesto
250 ml Schlagsahne
Salz und (frisch gemahlener) Pfeffer
600 g Fischfilet (Kabeljau, Schellfisch, Pangasius)
2 Esslöffel Zitronensaft

1 Den Ofen auf 220 °C vorheizen. Die Margarine in einem Wok oder in einer Gourmetpfanne erhitzen und die Zwiebel darin circa drei Minuten anschwitzen. Knoblauch und Lauch hinzufügen und unter Rühren circa vier Minuten braten.

2 Pesto und Sahne unter die Lauchmischung rühren und mit Salz und Pfeffer abschmecken.
Den Fisch in circa vier Zentimeter große Stücke schneiden, mit Zitronensaft beträufeln und mit Salz und Pfeffer würzen.

3 Die Lauchmischung in eine Auflaufform geben und die Fischstücke darunter mischen. Die Form mit Alufolie abdecken. Auf der mittleren Schiene des Ofens circa 25 Minuten lang garen.

4 Schmeckt lecker mit Tagliatelle oder Salzkartoffeln.

Seebarsch mit Käse-Zwiebel-Kruste

Zubereitungszeit: 10 Minuten/Backofen: 20 Minuten

4 Seebarschfilets à 200 g
1 Esslöffel Zitronensaft
Salz und (frisch gemahlener) Pfeffer
2 Esslöffel Olivenöl
2 Zwiebeln, gehackt
2 Knoblauchzehen, fein gehackt
2 Teelöffel Kräuter der Provence
1 Esslöffel Margarine
50 g Paniermehl
30 g alter Gouda, gerieben
Einige Zitronenscheiben zum Garnieren

1. Die Fischstücke mit Zitronensaft beträufeln und mit Salz und Pfeffer würzen. Eine Auflaufform mit circa einem halben Esslöffel Öl einfetten und die Fischstücke nebeneinander hineinlegen.

2. Den Ofen auf 190 °C vorheizen. Das restliche Öl in einer Pfanne erhitzen und die Zwiebeln darin in circa fünf Minuten goldbraun anbraten. Knoblauch und Kräuter hinzufügen und unter Rühren eine weitere Minute braten. Die Zwiebelmischung über die Fischstücke in der Auflaufform geben.

3. Die Margarine in derselben Pfanne erhitzen, ohne dass sie die Farbe verändert, und das Paniermehl einrühren. Die Pfanne vom Herd nehmen und den Käse darunterrühren. Die Paniermehl-Käse-Mischung über die Fischstücke geben.

4. Den Fisch auf der mittleren Schiene des Ofens 20 Minuten lang goldbraun garen. Anschließend mit Zitronenscheiben garnieren.

Schmeckt lecker mit grünen Bohnen und Kartoffelpüree.

Thailändisches Fischcurry

Zubereitungszeit: 25 Minuten

600 g Fischfilet (Kabeljau, Pangasius, Tilapia)
2 Limetten
250 g Champignons
2 bis 3 Esslöffel thailändische grüne Currypaste
1 Dose Kokosmilch
2 Esslöffel thailändische Fischsauce (Nam pla)
3 Esslöffel Sojasauce
6 Frühlingszwiebeln, in schmale Ringe geschnitten
3 Esslöffel Koriander, fein geschnitten
3 Esslöffel Basilikum, fein geschnitten

1 Das Fischfilet in vier Zentimeter große Stücke schneiden. Eine Limette über dem Fisch auspressen, die andere in Scheiben schneiden. Die Champignons putzen und vierteln.

2 Die Currypaste unter Rühren in einem Wok oder in einer Gourmetpfanne erhitzen. Die Kokosmilch hinzufügen und unter Rühren zum Kochen bringen. Die Limettenscheiben und die Champignons hinzufügen, die Fisch- und die Sojasauce darunter mischen. Alles zusammen drei Minuten lang köcheln lassen.

3 Die Fischstücke und die Frühlingszwiebeln zu der Kokosmischung geben und bei niedriger Hitze in circa sechs Minuten garen. Das Gericht mit Koriander und Basilikum garnieren.
Schmeckt lecker mit Reis und Gurkensalat.

Nudelsalat mit Paprika, Thunfisch und Oliven

Zubereitungszeit: 40 Minuten

2 rote Paprikaschoten
350 g Conchiglie (mittelgroße Muschelnudeln)
2 Esslöffel Olivenöl
2 Knoblauchzehen, gehackt
1 Esslöffel frische Thymianblätter
50 g Rucola
1 kleine Dose Thunfisch in Wasser, abgetropft
50 g schwarze Oliven ohne Kern
Meersalz und (frisch gemahlener) Pfeffer
50 g Parmesankäse, grob gerieben

Tipp Probieren Sie ein neues Rezept aus? Nehmen Sie sich tagsüber genug Zeit dafür und fangen Sie nicht erst kurz vor dem Essen an, wenn alle nach Hause kommen und Hunger haben.

1 Die Paprikaschoten für circa 20 Minuten unter den heißen Grill legen, bis sie rundum braun sind. In eine Plastiktüte geben und zehn Minuten lang verschlossen liegen lassen. Die Haut abziehen und die Kerne entfernen. Das Fruchtfleisch in Stücke schneiden.

2 Die Nudeln nach Packungsanweisung bissfest kochen. Das Öl in einer Pfanne erhitzen, den Knoblauch eine Minute lang bei mittlerer Temperatur anbraten, die Paprika und den Thymian dazugeben und kurz erwärmen.

3 Die großen Rucolablätter klein zupfen. Die Nudeln abgießen und mit der Paprika, dem Thunfisch, dem Rucola und den Oliven vermischen. Mit Salz und Pfeffer abschmecken.

4 Den Salat lauwarm servieren und den Käse darüber streuen.

Schmeckt lecker mit knusprigem, warmem Brot.

Salzheringtatar

Zubereitungszeit: 10 Minuten

1 Ei, hart gekocht
125 ml Crème fraîche
3 Salzheringe, klein geschnitten
1 Zwiebel, sehr fein gehackt
1 große saure Gurke, sehr fein geschnitten
4 Scheiben Roggen- oder Weißbrot

1. Das gekochte Ei pellen, halbieren und das Eigelb entfernen. Das Eiweiß in kleine Stücke schneiden. Das Eigelb mit einer Gabel in einer Schüssel zerdrücken und mit der Crème fraîche vermischen.

2. Den Hering, die Zwiebel, die Gurke und das Eiweiß hinzufügen und das Ganze gut durchmischen.

3. Den Heringtatar auf das Roggen- oder Weißbrot streichen.

4. Kochen und Hitzeunverträglichkeit

Bei MS tritt häufig eine Hitzeunverträglichkeit (Thermosensitivität) auf. Dann nehmen die MS-Beschwerden vorübergehend zu, etwa bei erhöhter Körpertemperatur aufgrund erhöhter Aktivität oder Umgebungswärme. Potentiell auftretende Beschwerden sind zum Beispiel Müdigkeit, verschwommenes Sehen oder verringerte Muskelkraft. Entsprechende Symptome können beim Sport, nach einem heißen Bad oder einer langen Fahrt in einem geheizten Auto auftreten, bei anhaltendem Sommerwetter natürlich auch.

Wenn Sie Ihre Essgewohnheiten anpassen, leiden Sie möglicherweise weniger unter der Hitze. An warmen, sonnigen Tagen sollte man fünf oder sechs leichte Mahlzeiten, über den Tag verteilt zu sich nehmen. Dieses Kapitel enthält Rezepte für leichte Mahlzeiten mit kühlender Wirkung. Jedes Rezept ist für vier Personen gedacht.

Zwieback mit Halvamus, Apfel und Knuspermüsli

Zubereitungszeit: 10 Minuten

2 kleine Äpfel
4 Zwiebacke
2 Esslöffel magerer Sahnekäse
2 Esslöffel Orangen-Halvamus
2 Esslöffel Knuspermüsli

1. Die Äpfel waschen und abreiben. Das Kerngehäuse entfernen. Achteln und in Scheiben schneiden.

2. Den Zwieback mit Sahnekäse und etwas Halvamus bestreichen.

3. Anschließend den Zwieback fächerförmig mit Apfelscheiben belegen und mit Knuspermüsli bestreuen.

Vollkornmuffins mit Trockenfrüchten

Zubereitungszeit: 15 Minuten/Backofen: 35 Minuten

100 g gemischte Trockenfrüchte
125 g weiche Butter
125 g Zucker
Zitronensaft
Salz
2 Eier
80 g Vollkornmehl
40 g Weizenmehl
1 Teelöffel Backpulver
1 Esslöffel Milch oder Ingwersaft
12 Muffinförmchen aus Papier

1. Den Ofen auf 150 °C vorheizen. Die Trockenfrüchte in kleine Stücke schneiden.

2. Die Butter mit Zucker, Zitronensaft und Salz schaumig schlagen.

3. Nach und nach die Eier hinzufügen und zu einer gleichmäßigen luftigen Masse rühren. (Die Eier sollten bei der Verarbeitung Zimmertemperatur haben.)

4. Das Vollkorn- mit dem Weizenmehl und dem Backpulver sieben und nach und nach unter den Teig rühren. Die Milch und die Trockenobststücke unterrühren.

5. Den Teig auf 12 Förmchen verteilen und für circa 35 Minuten im Ofen backen, bis die Muffins goldbraun sind. Zur Kontrolle mit einem Holzspieß in die Mitte der Muffins stechen; sie sind gar, wenn keine Krümel mehr kleben bleiben.

Nudelsalat mit grünen Bohnen und Lachs

Zubereitungszeit: 25 Minuten

250 g Eiernudeln
150 g grüne Bohnen, halbiert
Salz und (frisch gemahlener) Pfeffer
200 g Räucherlachs
50 g Haselnüsse
1/2 Zitrone
2-3 Zweige Basilikum
3 Esslöffel Olivenöl
100 ml Joghurt
3 Tomaten, enthäutet und in Streifen geschnitten
75 g Rucola

1. Die Nudeln nach Packungsanweisung bissfest kochen.

2. Die Bohnen in reichlich Salzwasser in fünf bis sieben Minuten bissfest garen. In einem Sieb unter fließendem kaltem Wasser abspülen und gut abtropfen lassen.

3. Die Hälfte des Lachses in kleine Stücke schneiden, den Rest in breite Streifen. Die Haselnüsse grob hacken und in einer trockenen Pfanne goldbraun rösten. Abkühlen lassen.

4. Die Zitrone putzen und die Schale dünn abreiben. Die Zitrone auspressen. Das Basilikum fein schneiden und in einer Schüssel mit Zitronensaft, Zitronenabrieb, Öl und Joghurt zu einem Dressing verrühren. Mit Salz und Pfeffer abschmecken.

5. Die Nudeln abgießen und noch warm mit dem Dressing vermischen. Bohnen, Tomatenstreifen und kleine Lachsstücke dazugeben. Den Salat etwas abkühlen lassen.

6. Die Nüsse und den Rucola unter den Salat mischen, alles mit den Lachsstreifen garnieren und direkt servieren.

Baguettebrötchen mit Thunfischsalat

Zubereitungszeit: 15 Minuten

- 1 Dose Thunfisch in eigenem Saft (Abtropfgewicht: 70 Gramm)
- 2 getrocknete Tomaten in Öl, abgetropft
- 20 grüne Oliven ohne Kern
- 4 Esslöffel griechischer Joghurt
- Salz und (frisch gemahlener) Pfeffer
- 4 Baguettebrötchen
- 20 g fettarme Butter
- 40 g Feldsalat

1. Den Thunfisch gut abtropfen lassen.
2. Die getrockneten Tomaten und die Oliven in feine Stücke schneiden. Mit dem Thunfisch vermengen. Den Joghurt unterrühren und mit Salz und Pfeffer abschmecken.
3. Die halbierten Baguettebrötchen mit Butter bestreichen. Etwas Feldsalat auf einer Hälfte verteilen, die Thunfischmischung darüber geben und mit Feldsalat bedecken. Die andere Brötchenhälfte darauf legen.

Gazpacho mit Gewürzjoghurt

Zubereitungszeit: 30 Minuten/Wartezeit: 3 Stunden

3 Scheiben Weißbrot ohne Kruste
2 Knoblauchzehen, gehackt
4 Esslöffel Olivenöl
2 Esslöffel Rotweinessig
5 feste Tomaten, gewürfelt
50 ml Orangensaft
400 g Gurke, in Stücke geschnitten
2 rote Paprika, in Stücke geschnitten
2 rote Zwiebeln, gehackt
Salz und (frisch gemahlener) Pfeffer
125 ml Joghurt
1/2 Teelöffel Chiliflocken, gemahlen
1/2 Teelöffel Kümmel, gemahlen

1 Das Brot in einer Schüssel mit Knoblauch, Öl und Essig vermengen. Durchrühren und die Mischung kurz stehen lassen.

2 Die Brotmischung in einer Küchenmaschine mit den Tomaten, dem Orangensaft, 200 g Gurke, einer Paprika und einer Zwiebel pürieren. Die Mischung durch ein Sieb streichen. Die Suppe mit Salz und Pfeffer abschmecken und für drei Stunden in den Kühlschrank stellen.

3 Joghurt, Chiliflocken, Kümmel und etwas Salz verrühren. Die Suppe aus dem Kühlschrank nehmen und auf Schälchen verteilen. Mit dem restlichen Gemüse garnieren und in jedes Schälchen etwas Gewürzjoghurt geben.

Meeresspargelsalat mit Zitrusfrüchten und Ananas

Zubereitungszeit: 35 Minuten

1 frische Ananas
1 gelbe Grapefruit
1 Orange
1 Teelöffel Sesamöl
1 Teelöffel Walnussöl
3 Esslöffel Sonnenblumenöl
1 Esslöffel Senf
1 Esslöffel Weißweinessig
Salz und (frisch gemahlener) Pfeffer
200 g Queller (Meeresspargel)
45 g gehobelte Mandeln, geröstet

1 Die Ananas schälen und in anderthalb Zentimeter große Scheiben schneiden. Den Kern mit einem Ausstecher oder Messer entfernen. Den Grill vorheizen.

2 Die Grapefruit und die Orange schälen, die einzelnen Teile von der Haut trennen und den Saft auffangen. Die Stücke halbieren.

3 Die drei Sorten Öl, Senf, Essig und den aufgefangenen Fruchtsaft vermischen. Das Dressing mit Salz und Pfeffer abschmecken.

4 Die Ananasscheiben in eine Auflaufform legen und mit einem Teil des Dressings bestreichen. Die Ananas grillen, bis die Ränder sich braun färben. Wenden, die andere Seite mit Dressing bestreichen und ebenfalls bräunen. Die Ananas in Stücke schneiden und den freigesetzten Saft unter das Dressing mischen.

5 Den Meeresspargel in einem Topf mit reichlich Salzwasser in circa vier Minuten bissfest kochen. Unter kaltem Wasser abspülen und in einem Sieb abtropfen lassen.

6 Meeresspargel, Grapefruit, Orange und Ananas vermengen. Das Dressing unterrühren und den Salat mit den Mandelstiften bestreuen.

Tropischer Obstsalat mit Knuspermüsli

Zubereitungszeit: 10 Minuten

1 Mango
1 Banane
1 Birne
1 kleine Dose Ananasstücke
1 Dose Litschi
100 g Knuspermüsli mit Kokosflocken
400 ml Vanillejoghurt

Tipp **Achten Sie auf einen ordentlichen und sauberen Arbeitsplatz in einer ordentlichen und sauberen Küche.**

1 Die Mango schälen, den Kern entfernen und das Fruchtfleisch in Würfel schneiden. Die Bananen schälen und in Scheiben schneiden. Die Birne schälen, das Kerngehäuse entfernen und in Würfel schneiden. Die Ananas abgießen und die Flüssigkeit aufbewahren. Die Litschis abgießen.

2 Zwei Esslöffel Ananassaft, Mango, Banane, Birne, Ananasstücke und Litschis in einer Schüssel vermengen.

3 Den Salat auf vier Teller anrichten, Müsli und Joghurt darüber verteilen.

Eiskaltes Apfelmus mit Zimt

Zubereitungszeit: 5 Minuten

1 großes Glas Apfelmus
8 Kugeln cremiges Vanilleeis
1 bis 2 Teelöffel Zimt

1. Apfelmus, Eis und Zimt mit einem Stabmixer oder in einer Küchenmaschine pürieren, bis die Mischung weich und schaumig ist.

2. Die Mousse auf vier Gläser verteilen.

Tipp **Probieren Sie statt Apfelmus auch Aprikosen- oder Rhabarberkompott.**

Mexikanischer Maissalat

Zubereitungszeit: 20 Minuten

1 Gurke
1 Avocado
Saft von 1 Limette
2 Esslöffel Olivenöl
Chilipfeffer, getrocknet aus der Mühle
2 Teelöffel Oregano, getrocknet
Salz und (frisch gemahlener) Pfeffer
1 kleine rote Zwiebel, gehackt
250 g Kirschtomaten, halbiert
1 Dose Maiskörner (300 Gramm)
15 g Koriander, fein geschnitten

1 Die Gurke halbieren, die Kerne und den Saft entfernen und das Fruchtfleisch in kleine Würfel schneiden. Die Avocado schälen und das Fruchtfleisch in Würfel schneiden.

2 In einer Schale den Limettensaft mit Olivenöl, frisch gemahlenem Chilipfeffer und Oregano zu einem Dressing verrühren. Mit Salz und Pfeffer abschmecken.

3 Zwiebel, Gurke, Avocado, Tomaten, Mais und Koriander unterrühren.

Schmeckt lecker mit warmen Tortillas, Tatar und scharfem Salsadip.

Gegrilltes Steak mit Zuckerschotensalat

Zubereitungszeit: 20 Minuten

150 g Zuckerschoten
1 kleine Zucchini
100 g junger Blattsalat
30 g Rucola
1 Esslöffel Weißweinessig
1 Teelöffel Senf
3 Esslöffel kalte Gemüsebrühe (aus einem Brühwürfel)
Salz und (frisch gemahlener) Pfeffer
4 Steaks à 100 g
1 Esslöffel Sonnenblumenöl

1 Die Zuckerschoten in Salzwasser in drei Minuten bissfest kochen. Abgießen und unter kaltem Wasser abspülen. Die Zuckerschoten gut abtropfen lassen.

2 Die Zucchini halbieren, die Kerne entfernen und das Fruchtfleisch in schmale Ringe schneiden. In einer Schüssel mit dem Blattsalat, dem Rucola und den Zuckerschoten vermischen.

3 Essig und Senf verrühren und die Brühe hinzufügen. Das Dressing mit Salz und Pfeffer abschmecken und unter den Salat mischen.

4 Die Steaks von beiden Seiten dünn mit Öl bestreichen. Eine Grillpfanne erhitzen. Die Steaks in die Pfanne legen und bei hoher Temperatur zwei Minuten auf jeder Seite anbraten. Mit Salz und Pfeffer bestreuen und mit dem Zuckerschotensalat servieren.

Schmeckt lecker mit Rösti oder Salzkartoffeln.

Würzig gedämpftes Gemüse mit Hackbällchen und Joghurt

Zubereitungszeit: 15 Minuten

1 l Gemüsebrühe
200 g Spitzkohl, gehobelt
200 g Lauch, in Ringen
100 g Sojasprossen
1/2 Chilischote, kleingeschnitten
300 g Hackfleisch
1 Knoblauchzehe
1 Esslöffel Olivenöl
200 ml Magerjoghurt
2 Esslöffel Koriander, fein geschnitten
Salz und (frisch gemahlener) Pfeffer

1 Die Gemüsebrühe in einem Topf zum Kochen bringen. Das Gemüse und die Chilischote in den Einsatz oder ein Sieb geben, den Deckel darauf setzen und das Gemüse in sechs Minuten dämpfen.

2 Das Hackfleisch mit Salz, Pfeffer und dem ausgepressten Knoblauch mischen. Aus dem Hackfleisch zwölf Bällchen rollen und etwas platt drücken.

3 Das Öl in einer Pfanne erhitzen und die Hackbällchen zwei Minuten auf jeder Seite anbraten.

4 Den Joghurt mit dem Koriander vermischen und mit Salz und Pfeffer abschmecken.

5 Das Gemüse in eine Schale legen und die Hackbällchen darauf anrichten. Den Joghurt dazu reichen.

Schmeckt lecker mit Basmatireis.

Königliches Hähnchen und Reis

Zubereitungszeit: 35 Minuten

500 g Hühnerbrustfilet, in 4 Stücken
Cayennepfeffer, Salz
3 Esslöffel Olivenöl
1 Zwiebel, fein gehackt
1 Knoblauchzehe, fein gehackt
75 g Pinienkerne
325 g Basmatireis
1 Dose Tomatenstücke (400 g)
75 g Rosinen
2 Würfel Hühnerbrühe
600 ml heißes Wasser
4 Esslöffel Dill, fein gehackt

1 Das Hühnerbrustfilet mit Cayennepfeffer und Salz einreiben. Zwei Esslöffel Öl in einer Pfanne erhitzen und das Hühnerbrustfilet schnell rundum braun anbraten. Das Filet aus der Pfanne nehmen.

2 Das restliche Öl in der Pfanne erhitzen und darin Zwiebel, Knoblauch und Pinienkerne unter Rühren hellbraun anbraten. Den Reis hinzufügen und unter Rühren drei Minuten lang braten. Die Tomatenstücke mit der Flüssigkeit, die Rosinen, die Brühwürfel, 600 ml heißes Wasser und den Dill dazugeben. Unter Rühren zum Kochen bringen.

3 Das Filet hinzufügen und die Pfanne mit einem Deckel verschließen. Alles bei niedriger Hitze in circa 20 Minuten garen. Die Pfanne vom Herd nehmen und das Reisgericht unter einem sauberen Geschirrtuch weitere 10 Minuten ziehen lassen.

Minzjoghurt mit hellen Trauben

Zubereitungszeit: 15 Minuten

8 Minzblätter (+ einige extra zum Dekorieren)
150 ml fettarmer Joghurt
125 ml (fettarme) Crème fraîche
4 Walnüsse
500 g helle kernlose Trauben
2 Esslöffel Zucker
1/2 Teelöffel Zimt

1 Die Minze in dünne Streifen schneiden. Den Joghurt mit der Crème fraîche vermischen. Die Minze darunterrühren. Die Nüsse knacken und die Kerne in einer trockenen Pfanne rösten, anschließend grob hacken. Die Trauben waschen und auf dem Minzjoghurt verteilen.

2 Walnusskerne, Zucker und Zimt darüberstreuen und das Dessert mit weiteren Minzblättern garnieren.

Buttermilchpastete mit Erdbeersalsa

Zubereitungszeit: 20 Minuten/Wartezeit: 2 Stunden

8 Blätter weiße Gelatine
3 Limetten, Saft und Abrieb
100 g Zucker
400 ml Buttermilch
Butter zum Einfetten
500 g Erdbeeren
1 Esslöffel frische Minze, fein gehackt

1 Die Gelatine in reichlich kaltem Wasser einweichen.
In einem Topf den Saft und die geriebene Schale von anderthalb Limetten mit 50 ml Wasser zum Kochen bringen. Den Topf vom Herd nehmen, die Gelatineblätter gut ausdrücken und unter Rühren in dem heißen Limettensaft auflösen. Zucker hinzufügen und ebenfalls unter Rühren auflösen. Die Mischung etwas abkühlen lassen, dann die Buttermilch unterrühren. Weiter abkühlen lassen. Die Konsistenz sollte geleeartig werden.

2 Kleine Becher, Puddingformen oder Tassen (jeweils circa 125 ml) einfetten und die Buttermilchmasse hineingießen. Im Kühlschrank in etwa ein bis zwei Stunden fest werden lassen.

3 In der Zwischenzeit die Erdbeeren waschen, das Grün entfernen und das Fruchtfleisch in Stücke schneiden. Mit dem restlichen Limettenabrieb, der Minze und einem Esslöffel Limettensaft in einer Schüssel vermischen. Eine halbe Stunde ziehen lassen.

4 Den Buttermilchpudding auf vier Teller stürzen und die Erdbeersalsa darübergeben.

5. Kochen mit kleinem Budget

Eine chronische Krankheit bringt zusätzliche Kosten mit sich. Dieses Kapitel zeigt Ihnen, wie Sie auch mit wenig Geld jeden Tag etwas Leckeres auf den Tisch bringen können.

Die Rezepte in diesem Kapitel sind für vier Personen gedacht und kosten etwa zwei Euro pro Person.

Tortilla-Wraps auf Cajun-Art

Zubereitungszeit: 15 Minuten

300 g Hühnerbrustfilet
2 Esslöffel Cajun-Kräuter
4 Esslöffel Mehl
2 Eier
100 g Paniermehl
etwas Butter
4 mexikanische Tortillas
125 ml saure Sahne
8 Scheiben Frühstücksspeck, im eigenen Fett gebraten
80 g Eisbergsalat, in dünne Streifen geschnitten
2 Esslöffel Frühlingszwiebeln, in sehr dünne Ringe geschnitten

Tipp Reste verwerten

- Gekochte Kartoffeln: Salat mit Hering und Mohrrüben; Auflauf mit Käse und Tomaten oder anderen Zutaten, Rösti

1 Die Hühnerbrustfilets einzeln zwischen zwei Stück Frischhaltefolie legen und mit der Unterseite einer Pfanne flachklopfen. Die Filets mit den Cajun-Kräutern einreiben.

2 Das Mehl auf einen Teller streuen, die Eier auf einem zweiten aufschlagen und verrühren, das Paniermehl auf einen dritten Teller geben. Die Filets erst durch das Mehl (überschüssiges Mehl abschütteln), dann durch das Ei und anschließend durch das Paniermehl ziehen.

3 Die Butter bei niedriger Hitze in einer Pfanne zergehen lassen, und die Filets darin von beiden Seiten goldbraun braten (circa drei Minuten für jede Seite). Anschließend in Streifen schneiden. Die Tortillas für einige Sekunden in einer heißen Pfanne aufwärmen.

4 Die Tortillas mit der sauren Sahne bestreichen. Der Reihe nach mit Speck, Salat und Frühlingszwiebeln belegen. Die Hähnchenstreifen darauf verteilen und die Tortillas einrollen.

Süßes Hähnchenfilet mit Pfirsich und Reis

Zubereitungszeit: 15 Minuten

350 g Reis
1 Zwiebel, gehackt
1 Knoblauchzehe, fein gehackt
2 Esslöffel Speiseöl
400 g Hühnerbrustfilet, in Stücke geschnitten
1 Dose Pfirsiche (ca. 400 g)
1 kleine Dose passierte Tomaten
Salz und (frisch gemahlener) Pfeffer

1 Den Reis nach Packungsanweisung zubereiten. Zwiebel und Knoblauch in Öl anschwitzen. Das Hühnerbrustfilet dazugeben und circa acht Minuten braten.

2 Die Pfirsiche abtropfen lassen und die Flüssigkeit aufbewahren. Die Pfirsiche in Stücke schneiden.

3 Zusammen mit den passierten Tomaten und fünf Esslöffeln Pfirsichsaft zum Fleisch geben. Alles gut durchmischen. Einen Deckel auf die Pfanne setzen und fünf Minuten bei niedriger Hitze köcheln lassen. Mit Salz und Pfeffer abschmecken.

Zusammen mit dem Reis servieren.

- **Pasta: Salat mit Tomate und Pesto; Auflauf mit gekochtem Gemüse; kleine Nudeln als Suppeneinlage**
- **Reis: Salat mit Hähnchen, Curry, Ananas und Joghurt; Nasi Goreng, Reisbrei oder Reisküchlein**
- **Gemüse: Bauernomelette; Gemüsesuppe; gefüllte Blätterteigtaschen; als Snack mit Dip**
- **Fleisch/Fisch: Brotbelag; Ragout; Salat; Auflauf mit Gemüse- und Kartoffelresten**

Herzhafter Brotauflauf

Zubereitungszeit: 10 Minuten/Backofen: 20 Minuten

- 1 Esslöffel Öl
- 2 Zwiebeln, gehackt
- 150 g Speckstreifen
- 1 Teelöffel Estragon
- 1 Esslöffel Honig
- 8 Scheiben weißes Sesambrot, gewürfelt
- 6 Fleischtomaten, entkernt und in Stücke geschnitten
- Salz und (frisch gemahlener) Pfeffer
- 100 g Leerdammer, gerieben

1 Den Ofen auf 180 °C vorheizen.

2 Das Öl in einer Pfanne erhitzen und die Zwiebeln mit den Speckstreifen und dem Estragon drei Minuten anschwitzen. Den Honig unterrühren.

3 In einer großen Schüssel die Brotwürfel mit den Tomaten und der Speckmischung verrühren. Mit Salz und Pfeffer abschmecken.

4 Die Mischung in eine Auflaufform geben. Mit dem geriebenen Käse bestreuen. Den Auflauf im Ofen 20 Minuten lang goldbraun backen.

Schmeckt lecker mit Feldsalat.

Tipp Wenn Sie mit einem kleinen Budget haushalten müssen, ist Planung das A und O. Kaufen Sie am besten einmal in der Woche alles, was Sie brauchen. Erstellen Sie vorher einen Wochenplan und eine Einkaufsliste. Kaufen Sie nur Produkte im Angebot, die Sie auch wirklich brauchen und die längere Zeit haltbar sind. Eine Großpackung im Angebot ist zwar sehr verlockend, aber teuer wenn die Hälfte nach Ablauf des Verfallsdatums verdorben ist.

Sommerliches Clubsandwich

Zubereitungszeit: 20 Minuten

1 Esslöffel Olivenöl
1 Zucchini, schräg in Scheiben geschnitten
100 g Chorizo (spanische Wurst), in Scheiben geschnitten
12 Scheiben Weißbrot
100 g roher Schinken, in Scheiben geschnitten
1 Melone, in dünne Scheiben geschnitten
150 g Feta, in dünne Scheiben geschnitten
2 Tomaten, in Scheiben geschnitten
4 Esslöffel Basilikum, grob gehackt

Tipp Erledigen Sie Ihre Einkäufe nach dem Essen. Mit Hunger oder Appetit kaufen Sie impulsiver ein. Es gibt einige Fleisch- und Fischsorten, die nicht teuer sind. Es ist auch möglich, einfach kleinere Portionen zu nehmen.

1 Das Öl in einer Pfanne erhitzen und die Zucchini von beiden Seiten jeweils zwei Minuten anbraten. Anschließend aus der Pfanne nehmen und auf Küchenpapier abtropfen lassen. Die Chorizo in dieselbe Pfanne geben und von beiden Seiten jeweils eine Minute anbraten.

2 Das Brot toasten.

3 Die Sandwiches wie folgt zubereiten: Eine Scheibe Brot, Zucchini, Chorizo, eine Scheibe Brot, roher Schinken, Melone, Feta, Tomate, Basilikum und eine Scheibe Brot übereinanderschichten. Jedes Clubsandwich schräg durchschneiden und jede Hälfte mit einem Cocktailspieß befestigen.

4 Direkt servieren.

Sahniger Curryfisch im Kohlnest

Zubereitungszeit: 10 Minuten/Backofen: 30 Minuten

1 Esslöffel Speiseöl
250 g Weißkohl, in dünne Streifen geschnitten
1/2 Teelöffel Paprikapulver
250 ml Sahne
1 1/2 Esslöffel Currypulver
3 Esslöffel Petersilie, gehackt
Salz und (frisch gemahlener) Pfeffer
500 g Weißfischfilet (z.B. Seelachs, Schellfisch, Tilapia)
2 Tomaten, entkernt und in Streifen geschnitten
2 Selleriestangen, in Scheiben geschnitten
50 g mittelalter Käse, gerieben

1. Den Ofen auf 200 °C vorheizen.

2. Das Öl in einer Pfanne erhitzen und den Kohl darin zusammen mit dem Paprikapulver circa vier Minuten anbraten. Die Sahne mit dem Curry, zweieinhalb Esslöffeln Petersilie sowie Salz und Pfeffer vermischen.

3. Den Boden einer großen Auflaufform mit dem Kohl bedecken. Den Fisch auf den Kohl legen und mit Salz und Pfeffer würzen. Die Tomaten und den Sellerie auf dem Fisch verteilen. Die Sahne darüber gießen und mit dem geriebenen Käse bestreuen.

4. Die Auflaufform mit Alufolie abdecken und 30 Minuten auf der mittleren Schiene des Ofens garen. Nach 15 Minuten die Folie entfernen.

5. Mit der restlichen Petersilie garnieren.

Schmeckt lecker mit Kartoffelpüree.

Fisch nach Curaçao-Art

Zubereitungszeit: 45 Minuten/Wartezeit: 1 Stunde

3 Knoblauchzehen
3 Limetten, ausgepresst
3 Frühlingszwiebeln, fein gehackt
Salz und (frisch gemahlener) Pfeffer
500 g Weißfisch (z.B. Seelachs, Pangasius oder Tilapia)
4 Esslöffel Mehl
2 Esslöffel Margarine
1 Zwiebel, fein gehackt
1 Chilischote, in Ringe geschnitten
6 Pflaumentomaten, enthäutet und fein gehackt

1. Zwei der Knoblauchzehen fein hacken. Die dritte auspressen, mit dem Limettensaft und den Frühlingszwiebeln vermengen und mit Salz und Pfeffer abschmecken. Die Marinade über den Fisch gießen und eine Stunde abgedeckt im Kühlschrank ziehen lassen.

2. Den Ofen auf 100 °C vorheizen.

3. Den Fisch aus der Marinade nehmen, abtupfen und in Stücke schneiden. Anschließend in Mehl wenden. Die Margarine in einer Pfanne erhitzen und die Fischstücke schön braun und knusprig braten. In eine Auflaufform geben und im Ofen warmhalten.

4. Die Zwiebel mit dem restlichen Knoblauch und der Chilischote im Bratfett goldbraun braten. Die Tomaten dazugeben und alles 20 Minuten schmoren.

5. Die Sauce mit Salz und Pfeffer abschmecken und zum Fisch servieren.

Schmeckt lecker mit Reis und gebackener Banane.

Pfannkuchen mit gebackenen Zimtäpfeln

Zubereitungszeit: 20 Minuten

1 Ei
250 ml Milch
100 g Mehl
1 Messerspitze Salz
75 g Butter
2 Äpfel, geschält und in Streifen geschnitten
2 Teelöffel Zimt
Puderzucker

1 Das Ei mit 125 ml Milch aufschlagen. Mehl dazugeben und so lange rühren, bis ein klümpchenfreier Teig entsteht. Die restliche Milch und das Salz hinzufügen und alles zu einem gleichmäßigen Teig verarbeiten.

2 Die Hälfte der Butter in einer Pfanne zerlassen und aus dem Teig vier Pfannkuchen backen. Anschließend unter Alufolie oder im Ofen warmhalten.

3 Die Apfelscheiben mit Zimt bestreuen. Die restliche Butter in der Pfanne zergehen lassen und die Apfelscheiben circa zwei Minuten von beiden Seiten anbraten.

4 Die Pfannkuchen auf vier Teller verteilen und mit den Äpfeln belegen. Die Pfannkuchen von vier Seiten jeweils einmal umklappen, sodass ein rechteckiges Päckchen entsteht. Mit Puderzucker bestreuen und direkt servieren.

Für die Füllung eignet sich auch anderes Obst wie zum Beispiel gebackene Birnen, Orangen oder Nektarinen.

Gut zu wissen **Wenn Sie Gemüse und Obst richtig aufbewahren, können Sie viel Geld sparen. Viele Gemüsesorten wie Tomate, Gurke oder Zucchini sollten nicht im Kühlschrank aufbewahrt werden, sondern an einem anderen dunklen Ort.**

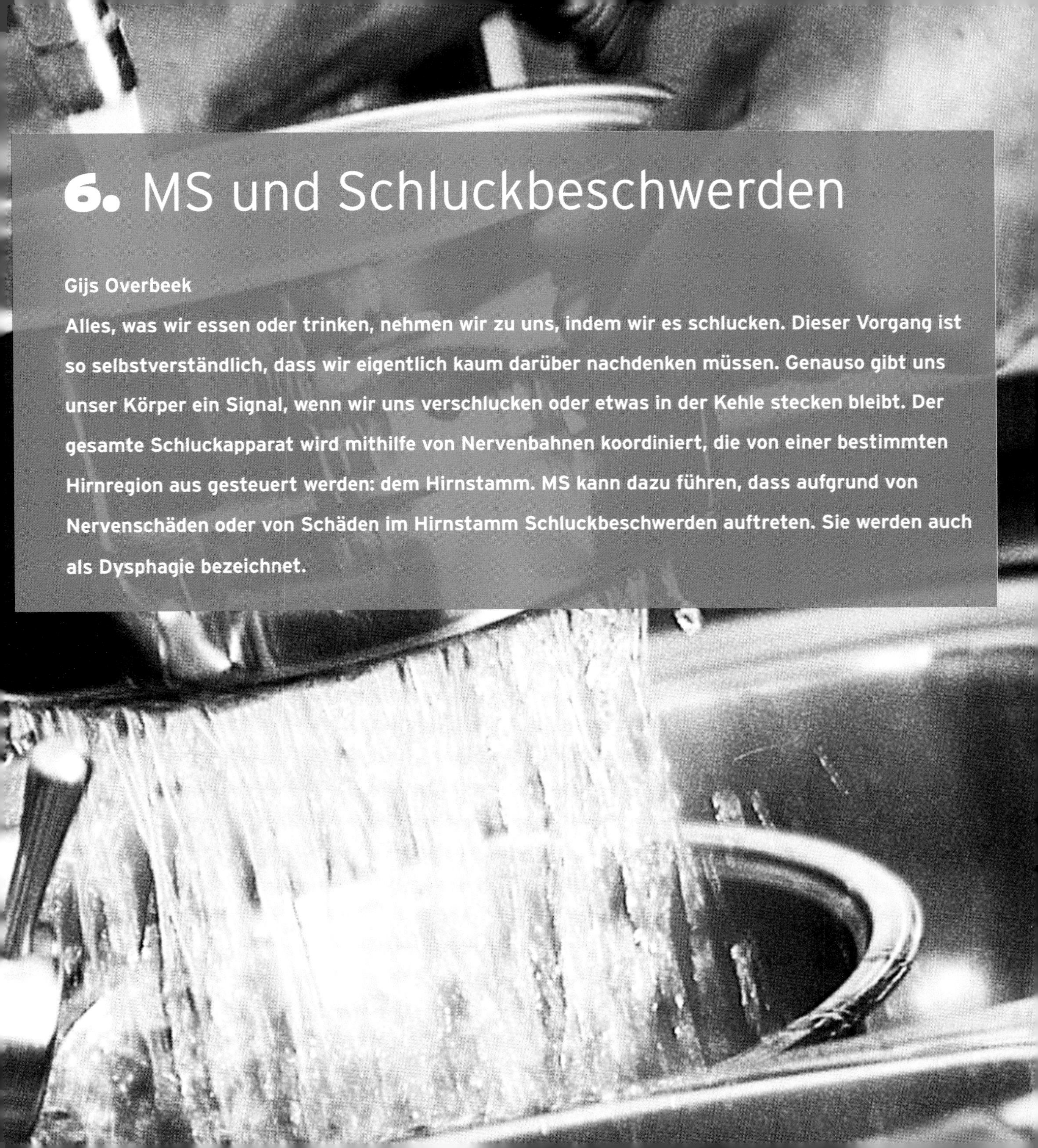

6. MS und Schluckbeschwerden

Gijs Overbeek

Alles, was wir essen oder trinken, nehmen wir zu uns, indem wir es schlucken. Dieser Vorgang ist so selbstverständlich, dass wir eigentlich kaum darüber nachdenken müssen. Genauso gibt uns unser Körper ein Signal, wenn wir uns verschlucken oder etwas in der Kehle stecken bleibt. Der gesamte Schluckapparat wird mithilfe von Nervenbahnen koordiniert, die von einer bestimmten Hirnregion aus gesteuert werden: dem Hirnstamm. MS kann dazu führen, dass aufgrund von Nervenschäden oder von Schäden im Hirnstamm Schluckbeschwerden auftreten. Sie werden auch als Dysphagie bezeichnet.

Dreißig bis vierzig Prozent aller Menschen mit MS haben langfristig Probleme beim Schlucken. Bei den meisten Patienten nehmen die Schluckbeschwerden jedoch nur allmählich zu; sie werden häufig noch nicht einmal als lästig empfunden. Regelmäßiges Räuspern nach dem Trinken oder ein kurzer Hustenreiz werden oft nicht damit in Zusammenhang gebracht, dass der Betreffende sich verschluckt hat. Entwickelt sich jedoch ohne erkennbaren Grund eine Lungenentzündung, kann dies eine Folge von Problemen beim Schlucken sein. Das Essen gerät „in den falschen Hals" und landet in der Lunge statt im Magen. Der Umgang mit Schluckbeschwerden bei MS wird zusätzlich dadurch erschwert, dass sich die Symptomatik durch einen Schub zeitweilig enorm verschlechtern kann.

Schluckprobleme können sich unbemerkt entwickeln. Um ihnen vorzubeugen, achten Sie beim Essen oder Trinken auf die folgenden Aspekte:

- Sitzen Sie beim Essen und Trinken immer aufrecht. Bleiben Sie nach dem Essen zwanzig bis dreißig Minuten aufrecht sitzen.
- Verlangsamen Sie das Einnahmetempo für jeden Bissen. Versuchen Sie Folgendes: Nachdem Sie einen Bissen in den Mund genommen haben, legen Sie die Gabel oder den Löffel hin. Nehmen Sie sich Zeit, die Nahrung gut zu kauen und schlucken Sie diese erst dann hinunter. Nehmen Sie das Besteck erst wieder in die Hand, wenn der Mund richtig leer ist. Damit verhindern Sie, dass Sie zu schnell den nächsten Bissen in den Mund nehmen.
- Sprechen Sie nicht mit vollem Mund!
- Halten Sie den Kopf beim Schlucken nach vorne, das Kinn etwas zur Brust geneigt. Diese Kopfhaltung hat häufig einen positiven Effekt, und das Schlucken kann sich bisweilen sehr viel leichter anfühlen. Der Vorteil dieser Haltung ist, dass der Luftweg etwas stärker abgeschlossen wird und der oberste Muskel, welcher die Speiseröhre abschließt, sich schon etwas entspannt.
- Konzentrieren Sie sich auf das Essen und Trinken und auf Ihre Haltung. Beteiligen Sie sich erst nach der Mahlzeit wieder am Gespräch.
- Nehmen Sie Nahrung zu sich, von der Sie wissen, dass sie sich angenehm im Hals anfühlt – also keine zu harten, zu krümeligen oder zu scharf gewürzten Gerichte. Es kann vernünftig sein, weichere oder sogar pürierte Nahrung zu sich zu nehmen.
- Durch das Kauen und Essen kann Erschöpfung beim Schlucken auftreten. Vermeiden Sie es dann, den letzten Rest mit zu schnellen und zu großen Bissen hintereinander aufzuessen.
- Teilen Sie Ihre Mahlzeit in kleinere Portionen auf und verteilen Sie sie über den Tag. So werden Sie weniger erschöpft sein und können langsam und aufmerksam das Kauen und Hinunterschlucken des Essens genießen.
- Wenn Sie sich beim Trinken schnell verschlucken, verwenden Sie ein Verdickungsmittel, um Flüssigkeiten etwas anzudicken, etwa auf die Konsistenz von Buttermilch. Versuchen Sie, aus einer normalen Tasse oder einem Glas zu trinken. Vermeiden Sie das Trinken mit einem Strohhalm. Verwenden Sie angepasstes Ess- und Trinkgeschirr, wenn die verringerte Muskelkraft in Hand oder Arm dies erforderlich macht.
- Versuchen Sie, Ihre Energiemenge über den Tag hinweg einzuschätzen. Wenn Sie merken, dass die Symptome in bestimmten Augenblicken des Tages besonders schlimm werden, sind dies möglicherweise nicht die richtigen Momente zum Essen und Trinken. Müdigkeit beeinflusst das Schlucken auf jeden Fall.
- Sommerliche Hitze kann die Symptome von MS verschlimmern. Denken Sie daran und gehen Sie in den Schatten, wenn Sie essen oder trinken.

Wenn Sie Hilfe benötigen

- Wenn Sie beim Essen und Trinken Hilfe benötigen, ist darauf zu achten, die Zufuhr von fester und flüssiger Nahrung angemessen zu portionieren. Weniger hilft in diesem Fall mehr. An der Bewegung des Adamsapfels kann der Helfer sehen ob das Schlucken gerade beginnt oder schon fertig ist. Zu Beginn des Schluckens hebt sich der Adamsapfel, nach Abschluss des schluckens senkt er sich. Erst nach dem Absenken sollte wieder Nahrung angereicht werden.
- Wenn Ihre Stimme gedrückt oder angespannt klingt, sollte der Helfer besonders auf ein ruhiges Tempo bei jedem Bissen oder Schluck achten. Vermeiden Sie vor allem beim Trinken, dass Sie Ihren Kopf zu weit nach hinten halten. (Sonst läuft die Flüssigkeit zu schnell aus dem Mund in den Hals.)
- Der helfende sollte auf eine gute Sitzposition im (Roll)stuhl achten. Der Kopf sollte gerade aufgerichtet gehalten werden.
- Wenn Sie nicht mehr selbstständig essen und trinken können, sorgen Sie dafür, dass Ihre Umgebung diese Ratschläge beherzigt.

Fazit

Probleme mit dem Schlucken zeigen sich bei MS in unterschiedlicher Weise, und eine Verschlechterung zieht sich oft über Jahre hin. Manchmal wird durch einen heftigen Schub das Schlucken stark beeinträchtigt. Dann ist es noch wichtiger, die oben genannten Ratschläge zu beherzigen. Wenn Sie Hilfe von einer Pflegeperson benötigen, stellen Sie sicher, dass sie Kenntnis davon hat. Für den Pflegenden ist es ratsam, den Heimlich-Griff zu erlernen. Dabei handelt es sich um eine Methode, mit der eine Blockade der Luftwege aufgehoben werden und ein Ersticken verhindert werden kann.

Damit Ihre Ernährung vollwertig bleibt, ist es ratsam, einen Diätberater zu Rate zu ziehen. Wenn Sie Schluckbeschwerden haben, ist die Wahrscheinlichkeit groß, dass Sie zu wenig Nährstoffe zu sich nehmen, da das Essen mehr Zeit kostet. Wenn die Nahrung verdünnt wird, nimmt man ebenfalls weniger Nährstoffe zu sich. Außerdem wählen Menschen mit Schluckbeschwerden sehr schnell immer die gleiche Nahrung, sodass sie sich einseitig ernähren.

In vielen Krankenhäusern arbeiten Logopäden und Hals-Nasen-Ohren-Ärzte, die sich auf die Diagnose und Behandlung von Schluckbeschwerden spezialisiert haben. In manchen Kliniken gibt es auch „Schluckteams", die den Schluckprozess eingehend untersuchen. Wenn Sie mehr darüber wissen wollen, wie Sie und Ihre Umgebung sicher mit Ihren Schluckgewohnheiten umgehen können, ist es auf jeden Fall vernünftig, sich einmalig von einem Schluckteam in Ihrer Umgebung beraten zu lassen.

Die Schluckbeschwerden bei MS können sich folgendermaßen äußern:

- zu große Schlucke beim Trinken
- Mühe mit dem Kauen
- Husten während des Essens oder danach
- Mühe, das Essen in den hinteren Mund zu bekommen oder das Schlucken einzuleiten
- Probleme mit Nahrung, die im Hals stecken bleibt oder nach der Mahlzeit wieder hochkommt
- weniger Speichel: trockenes Mundgefühl
- weniger oder sogar gar kein normaler Hustenreiz beim Verschlucken
- Essen oder Trinken in den Atemwegen, ohne dass Sie es bemerken
- Erstickungsgefahr
- Lungenentzündung

7. Kochen mit Kindern

In Deutschland ist Multiple Sklerose eine der am häufigsten auftretenden neurologischen Erkrankungen bei jungen Erwachsenen (Menschen, die jünger als vierzig Jahre alt sind). Dieses (oft unerwartete) Lebensereignis fällt in eine Phase, in der man sein Studium abschließt, einen Job sucht, ein Haus kauft oder eine Familie gründet. Glücklicherweise beeinflusst MS nicht die Fruchtbarkeit. Die Wahrscheinlichkeit, dass Ihr Kind ebenfalls eine MS entwickelt, ist gering, da es sich um keine Erbkrankheit handelt.

Wenn Sie durch MS in Ihrem Alltag eingeschränkt werden, kann sich das auch auf die Versorgung Ihrer Kinder und den Umgang mit ihnen auswirken. Egal, welche Einschränkung die Krankheit mit sich bringt: Sie können Ihren Kindern immer Liebe und Zuwendung geben. Die Augenblicke, in denen Sie Ihrem Kind die ungeteilte Aufmerksamkeit schenken, sind eine wertvolle Zeit! Und wo lassen sich solche Momente besser schaffen als in der Küche? Sie kochen jeden Tag, und so können Sie daraus eine ganz besondere Zeit machen. Lassen Sie Ihr Kind

- die Hände waschen,
- die Ärmel hochkrempeln,
- eine Schürze umbinden,
- lange Haare hochstecken oder zu einem Zopf binden.

Alle Rezepte in diesem Kapitel sind für vier Personen geplant.

Tigerpizza

Zubereitungszeit: 10 Minuten/Backofen: 12 Minuten

Ihr benötigt: Teigrolle, Messer, Löffel, Backblech, Backpapier

2 Esslöffel Mehl

270 g Pizzateig, fertig

1 Glas Tomatensauce (200 ml)

1 rote Paprika, in Stücke geschnitten

8 schwarze Oliven

4 Champignons

einige Petersilienbüschel

4 Esslöffel mittelalter Käse, gerieben

1 Den Ofen auf 200 °C vorheizen.

2 Ein Backblech mit Backpapier belegen.

3 Mehl auf die Arbeitsfläche streuen. Den Teig in vier Stücke teilen und mit einem Teigroller zu vier flachen Kreisen ausrollen.

4 Die Tomatensauce mit der Rückseite eines Löffels auf den Teig streichen.

5 Jede Pizza mit Paprikastücken, Oliven, Champignons, Petersilie und geriebenem Käse belegen.

6 Die Pizzen auf das Backblech legen und in den Ofen schieben. Ungefähr zwölf Minuten backen, bis die Pizzen gar sind.

Schokoladenfondue

Zubereitungszeit: 10 Minuten

Ihr benötigt: Messer, 3 Schälchen, Topf, Warmhalteplatte

4 Scheiben Kuchen
250 g Erdbeeren
250 g Ananas in Stücken
300 g Bitterschokolade
100 ml Schlagsahne

1. Den Kuchen in Stücke schneiden und in ein Schälchen legen. Die Erdbeeren putzen. Die Erdbeeren und die Ananas auf Küchenpapier abtropfen lassen und in Schälchen geben.

2. Die Schokolade zerbrechen und in einen Topf geben. Sahne hinzufügen. Die Schokolade unter Rühren bei niedriger Hitze schmelzen lassen, bis eine schöne Schokoladensauce daraus geworden ist.

3. Eine Warmhalteplatte auf den Tisch stellen und erhitzen. Den Topf mit der Schokoladensauce auf die Platte stellen.

4. Jeweils ein Stückchen Kuchen oder Obst auf eine Gabel spießen und durch die Schokoladensauce ziehen.

Erdbeeren am Stiel

Zubereitungszeit: 10 Minuten/Wartezeit: 4 Stunden

Ihr benötigt: Messer, Stabmixer, Gabel, Stieleisformen

300 g Erdbeeren
60 g feiner Tafelzucker
500 ml Joghurt
1 Teelöffel Zitronensaft

1. Die Erdbeeren waschen, mit einem Messer das Grün entfernen und das Fruchtfleisch in Stücke schneiden.

2. Die Erdbeeren mit einem Stabmixer pürieren. Mit einer Gabel alle Zutaten gut vermischen. Die Stieleisformen mit der Erdbeermischung befüllen.

3. Das Eis drei bis vier Stunden ins Tiefkühlfach geben, bis es gefroren ist.

Hackbällchen

Zubereitungszeit: 40 Minuten

Ihr benötigt: Schüssel, Teller, kleine Bratpfanne
2 Scheiben Brot ohne Rinde
etwas Milch
400 g mageres Rinderhack
2 Esslöffel Ketjap Manis (süße Sojasauce)
2 Esslöffel grober Senf
50 g Paniermehl
Salz und (frisch gemahlener) Pfeffer
2 Esslöffel Margarine

1. Das Brot in eine Schüssel geben und etwas Milch darüber gießen, bis das Brot ganz eingeweichet ist.

2. Das Hackfleisch, einen Esslöffel Ketjap Manis, einen Esslöffel Senf, das Paniermehl und etwas Salz und Pfeffer dazugeben. Alles gut durchkneten.

3. Die Hände etwas anfeuchten und das Hackfleisch in vier Teile aufteilen. Vier schöne Bällchen daraus formen und auf einen Teller legen.

4. Die Margarine in einer kleinen Pfanne bei mittlerer Hitze zergehen lassen. Die Hackbällchen in die Pfanne legen, sobald die Margarine braun ist. Von beiden Seiten braun braten. Beim Wenden aufpassen: Das Fett kann spritzen.

5. Etwas Wasser hinzufügen, sodass die Bällchen ungefähr zur Hälfte bedeckt sind. Das restliche Ketjap Manis und den restlichen Senf einrühren.

6. Einen Deckel auf die Pfanne setzen und die Hackbällchen ungefähr eine halbe Stunde lang garen.

Schmeckt lecker mit Salzkartoffeln und Rotkohl mit Äpfeln.

Fischpäckchen

Zubereitungszeit: 40 Minuten/Backofen: 20 Minuten

Ihr benötigt: Schneidebrett, Küchenmesser, Pfanne mit Antihaftbeschichtung, Kochlöffel, fettfreies Backpapier, Backblech

2 Lauchstangen
1/2 kleine Mohrrübe
5 Petersilienbüschel
4 feste Weißfischfilets à 150 g
Salz und (frisch gemahlener) Pfeffer
1 Esslöffel Olivenöl
125 ml Hühnerbrühe
1 Esslöffel Ketjap Manis (süße Sojasauce)
2 Esslöffel Zitronensaft

1. Den Ofen auf 200 °C vorheizen.

2. Das Weiße vom Lauch in dünne Streifen schneiden. Die Mohrrübe schälen und in feine Streifen schneiden. Die Petersilie fein hacken.

3. Den Fisch mit Salz und Pfeffer würzen.

4. Öl in einer Pfanne mit Antihaftbeschichtung erhitzen, die Gemüsestreifen darin drei bis vier Minuten anbraten, bis die Mohrrübenstreifen bissfest sind. Brühe und Ketjap Manis dazugeben und alles kochen, bis etwa die Hälfte der Flüssigkeit verdampft ist. Die Hälfte der Petersilie und des Zitronensafts unterrühren.

5. Vier Blatt fettfreies Backpapier (30 x 30 Zentimeter) vorbereiten. Auf jedes Blatt etwas von der Gemüsemischung und ein Stück Fisch geben, mit etwas Petersilie bestreuen und mit ein wenig Zitronensaft beträufeln.

6. Die Ränder des Papiers zur Mitte zusammenklappen und so einrollen, dass nichts auslaufen kann. Die Päckchen nicht zu eng zusammenfalten, damit noch Raum für den Dampf bleibt, der beim Backen entsteht.

7. Die Päckchen auf ein Backblech legen und für 15–18 Minuten auf der mittleren Schiene des vorgeheizten Ofens garen. Die Päckchen aus dem Ofen nehmen und am Tisch öffnen.

Schmeckt lecker mit Kartoffelpüree und frischem Salat.

Mamas Kebaps mit warmen Tortillas

Zubereitungszeit: 40 Minuten

Ihr benötigt: Küchenmesser, Schneidebrett, Schüssel, Schaschlikspieße, Grill oder Grillpfanne

500 g zartes Lammfleisch (vom Nacken oder Rücken)
3 Esslöffel Zitronensaft
3 Esslöffel Olivenöl
1 Knoblauchzehe
2 reife Tomaten
1/4 Gurke
8 kleine mexikanische Tortillas
eine Handvoll Salatblätter
eventuell etwas saure Sahne oder Knoblauchsauce

1. Die Schaschlikspieße für eine halbe Stunde in lauwarmes Wasser legen, damit sie beim Backen nicht splittern.

2. Das Fleisch in Würfel schneiden. In einer Schüssel mit Zitronensaft, Öl und dem ausgepressten Knoblauch marinieren.

3. Die Tomaten in Scheiben, die Gurke in Streifen schneiden.

4. Das Lammfleisch auf die Spieße stecken. Auf dem Grill oder in einer Grillpfanne circa zwei Minuten von beiden Seiten rundum braun anbraten. Das Fleisch darf innen noch leicht rosa sein.

5. Die Spieße auf einer warmen Tortilla mit Tomate, Gurke und Salat servieren. Wenn ihr mögt, könnt ihr etwas saure Sahne oder Knoblauchsauce dazu reichen.

Pasteten mit Hähnchenragout

Zubereitungszeit: 30 Minuten

Ihr benötigt: Schneidebrett, Messer, 2 Töpfe, einen großen Suppenlöffel, Schüssel, Kochlöffel, Schere

400-500 ml Hühnerbrühe
350 g vorgegartes Hähnchenfleisch
40 g Butter
3 Esslöffel Mehl
1 Eigelb
2 Teelöffel Zitronensaft
125 ml Sahne
Salz und (frisch gemahlener) Pfeffer
4 fertige Pasteten (Packung)
1 Petersilienbüschel

1. Den Ofen auf 180 °C vorheizen.
2. Die Brühe in einen Topf geben und erhitzen, bis sie fast kocht.
3. Das Hähnchenfleisch in sehr kleine Stücke schneiden.
4. Die Butter vorsichtig in einem Topf zergehen lassen. Das Mehl hinzufügen und gut durchrühren, bis es keine Klümpchen mehr gibt. Die Mischung bei starker Hitze unter ständigem Rühren eine Minute lang anschwitzen. Nach und nach die Brühe dazugießen und immer weiter rühren.
5. Etwas von der Mehlschwitze in einer separaten Schüssel mit dem Eigelb vermischen. Die Mischung anschließend wieder in den Topf geben, Zitronensaft, Sahne und Hähnchenfleisch hinzufügen und alles mit Salz und Pfeffer abschmecken.
6. Die kleinen Deckel der Pastesten abnehmen und das Gebäck kurz in den Ofen stellen, damit es heiß wird.
7. Die Petersilie mit einer Schere kleinschneiden.
8. Die Pasteten mit dem Hähnchenragout füllen, etwas Petersilie darüber streuen und die Deckel daraufsetzen.

Blätterteighäppchen

Zubereitungszeit: 10 Minuten/Backofen: 15 Minuten

Ihr benötigt: Backblech, Schüssel, Pinsel

1 Ei

3 Scheiben Blätterteig

12 Cocktailwürstchen

Ketchup oder milder Salsadip

1. Den Ofen auf 200 °C vorheizen.
2. Das Ei in einer Schüssel aufschlagen und verrühren.
3. Die Blätterteigscheiben zweimal kreuzförmig durchschneiden, sodass jeweils vier Dreiecke entstehen.
4. Ein Würstchen auf die Spitze eines Dreiecks legen und den Teig so aufrollen, dass ein Croissant entsteht. Das Würstchen sollte möglichst nicht mehr herausschauen, damit es im Ofen nicht zu dunkel wird.
5. Die Häppchen auf ein Backblech legen, mit einem Pinsel mit etwas Ei bestreichen und 15 Minuten im vorgeheizten Ofen backen, bis sie goldbraun sind.
6. Ketchup oder Salsadip in ein Schälchen geben. Zusammen mit den Häppchen zum Dippen reichen.

Pfannkuchen

Zubereitungszeit: 20 Minuten

Ihr benötigt: Schüssel, Quirl, Pfanne, Suppenlöffel, Pfannenwender, 2 flache Teller

175 g Mehl
2 Eier
450 ml fettarme Milch
1 Teelöffel Sonnenblumenöl
Salz
2 Esslöffel Margarine
Puderzucker und Sirup

Tipp **Zutaten und Hilfsmittel (Sieb, Messer, Backblech usw.) in der Reihenfolge bereitstellen, in der sie gebraucht werden. Du bist fertig, wenn du alles benutzt hast. Wenn nötig, die Mengen vorher abwiegen.**

1 Mehl, Eier, Milch, Öl und eine Prise Salz in eine Schüssel geben und mit einem Quirl zu einem glatten Teig verrühren.

2 Etwas Margarine bei mittlerer Hitze in der Pfanne zerlassen. Mit einem Suppenlöffel etwas Teig in die Pfanne geben.

3 Wenn die Oberseite kleine Blasen schlägt und fast trocken ist, kann der Pfannkuchen vorsichtig mit einem Pfannenwender umgedreht werden. Die andere Seite ebenfalls kurz backen und den Pfannkuchen anschließend auf einen Teller gleiten lassen.

4 Weitere Pfannkuchen backen, bis der Teig aufgebraucht ist. Mit einem Teller abdecken, damit sie warm bleiben.

Sofort mit Zucker oder Sirup servieren.

Bratäpfel

Zubereitungszeit: 10 Minuten/Backofen: 45 Minuten

Ihr benötigt: Sparschäler, Apfelentkerner, Messer, Schüssel, Auflaufform, vier Schälchen

4 feste Äpfel (Jonagold, Braeburn)
2 Esslöffel Sultaninen
1 Esslöffel brauner Zucker
etwas Zimtpulver
25 g Butter, gewürfelt
4 Zimtstangen
25 g Butter zum Einfetten
500 ml fertiger Vanillepudding

1 Den Ofen auf 190 °C vorheizen.

2 Die Äpfel nur oben schälen, ungefähr drei Zentimeter vom Stiel aus.

3 Die Kerngehäuse mit einem Apfelentkerner entfernen. Eine kleine Scheibe von der Unterseite abschneiden, sodass die Äpfel aufrecht stehen können.

4 Die Sultaninen mit braunem Zucker, Zimtpulver und Butter vermischen. Die Äpfel mit dieser Mischung füllen. In jeden Apfel eine Zimtstange stecken.

5 Eine Auflaufform mit Butter einfetten. Die Äpfel hineinstellen und ungefähr 45 Minuten im vorgeheizten Ofen backen. Die Zimtstange aus den Äpfeln nehmen. Achtung: Die Äpfel sind sehr heiß.

6 In jedes Schälchen einen Apfel setzen und mit dem Vanillepudding anrichten.

8. Rezepte mit Cranberrys

Wenn Sie an MS erkrankt sind, werden Sie wahrscheinlich früher oder später Probleme mit der Blasenfunktion bekommen. Typische Beschwerden sind häufiger Harndrang oder Schwierigkeiten beim Wasserlassen. Blasenstörungen führen jedoch nicht immer zu Symptomen, das heißt, man bemerkt sie nicht unbedingt, wenn die Blase nicht richtig funktioniert. So kann es sein, dass Sie Ihre Blase unbemerkt nicht vollständig entleeren. Es kann sogar vorkommen, dass Sie eine Blasenentzündung nicht bemerken. Dennoch ist es sehr wichtig, diese Störungen frühzeitig zu entdecken. Die MS-Pfleger können dabei helfen. Durch regelmäßiges Screening können Komplikationen verhindert und die Lebensqualität verbessert werden.

Wenn Sie die Blase nicht vollständig entleeren, kann die bakterielle Grundlage für eine Blasenentzündung entstehen. Vorhandene Blasenstörungen werden aber häufig erst bei wiederholten Blasenentzündungen bemerkt. Eine Harnwegsinfektion kann schließlich dazu führen, dass die MS-Beschwerden schlimmer werden und die Erschöpfung zunimmt.

Untersuchungen haben ergeben, dass Cranberrys in Bezug auf diese Problematik präventiv wirken und das Risiko von wiederkehrenden Blasenentzündungen verringern. Zu achtzig Prozent sind E.-coli-Bakterien für solche Infektionen verantwortlich. Die gerbsäureartigen Stoffe, die in Cranberrys enthalten sind, sorgen dafür, dass diese Bakterien ihre Klebewirkung verlieren. Sie können sich darum nicht mehr an die Blasenwand und die Harnleiter heften.

Die Rezepte in diesem Kapitel sind für vier Personen gedacht.

Rotkohlsalat mit Cranberrydressing

Zubereitungszeit: 10 Minuten

1 großer Apfel
50 g roher Schinken
500 g Rotkohl, fein geschnitten
4 Esslöffel Cranberrykompott
1 bis 2 Esslöffel Himbeeressig
2 Esslöffel Sonnenblumenöl
Salz und (frisch gemahlener) Pfeffer
6 Scheiben Vollkornbrot
150 g weicher Walnusskäse (Rambol)

1 Den Apfel schälen und in Stücke schneiden. Den Schinken in feine Streifen schneiden. Rotkohl mit Apfel und Schinken vermischen.

2 Für das Dressing das Cranberrykompott mit dem Essig mischen und das Öl unterrühren. Das Dressing mit zwei Esslöffeln Wasser verdünnen und mit Salz und Pfeffer abschmecken.

3 Kurz vor dem Servieren das Brot toasten, mit dem Weichkäse bestreichen und in Dreiecke schneiden.

4 Die Käseschnitten zum Rotkohlsalat reichen.

Pekannussbrötchen mit Cranberrys

Zubereitungszeit: 50 Minuten/Backofen: 15 Minuten

1 Packung Backmischung für Weißbrot
300 ml lauwarmes Wasser
25 g weiche Butter
1 Teelöffel Piment, gemahlen
2 Esslöffel Ahornsirup
100 g Pekannüsse, grob gehackt
150 g getrocknete Cranberrys

1 Die Backmischung in eine Schüssel geben und mit Wasser, Butter und Piment zu einem geschmeidigen Teig kneten. Mit Frischhaltefolie abdecken und 15 Minuten gehen lassen.

2 Den Ofen auf 200 °C vorheizen.

3 Ahornsirup, Pekannüsse und Cranberrys unter den aufgegangenen Teig kneten. In zwölf Kugeln aufteilen und diese unter einem Geschirrtuch weitere 30 Minuten gehen lassen.

4 Die Brötchen im Ofen 15 Minuten goldbraun backen.

5 Aus dem Ofen nehmen und auf einem Gitter abkühlen lassen.

Cranberrykompott

Zubereitungszeit: 15 Minuten

450 g frische Cranberrys
150 ml frisch gepresster Orangensaft
200 g Zucker

Tipp Wenn Sie ein neues Rezept ausprobieren, lesen Sie es schon einige Tage vorher, damit es nicht mehr ganz so neu ist. Unterstreichen oder markieren Sie die Kernbegriffe (Zutaten, Reihenfolge, Backzeit usw.); so erhalten Sie eine schnelle Übersicht. Vollständige Sätze erschweren die Suche in einem Rezept, wenn Sie gerade kochen.

1. Die Beeren waschen und in einem Sieb abtropfen lassen.

2. Zusammen mit dem Orangensaft in einem Topf zum Kochen bringen. Ohne Deckel vier bis fünf Minuten köcheln lassen, bis die Beeren aufplatzen.

3. Den Topf vom Herd nehmen und den Zucker unter die Beeren rühren. So lange weiterrühren, bis der Zucker sich aufgelöst hat.

4. Das Kompott in eine Schale füllen und abkühlen lassen.

Bananensmoothie mit Cranberrysaft

Zubereitungszeit: 5 Minuten/Wartezeit: 1 Stunde

2 reife Bananen
1 l fettarmer Joghurt
400 ml Cranberrysaft
1 Esslöffel flüssiger Honig

1 Die Bananen in Scheiben schneiden, in einen Gefrierbeutel geben und für circa eine Stunde einfrieren.

2 Die gefrorenen Bananenscheiben mit Joghurt, Cranberrysaft und Honig in eine Rührschüssel geben und mit dem Stabmixer oder dem Rührgerät schaumig schlagen.

3 Den Smoothie in vier Gläser gießen.

9. Supermenü

Wenn Sie unter Erschöpfung leiden, sollten Sie sich vor allem mit Menschen umgeben, die Ihnen Kraft schenken. Meiden Sie dagegen Kontakte, die Ihnen Energie rauben. Laden Sie Freunde, die Sie inspirieren, erfrischen und aufheitern, doch einmal zu einem Abendessen ein. Die Einladung zu einem Menü ist eine schöne Gelegenheit, um sich bei Ihrer Familie und lieben Freunden für die Unterstützung zu bedanken, die sie Ihnen geben. Wie wäre es mit einem herzerwärmenden Dinner, wenn es kalt ist? Eine gesellige Mahlzeit oder ein Fest verleiht auch dem übrigen Jahr Glanz.

Scheuen Sie sich nicht, etwas auszuprobieren, indem Sie ein Rezept auf Ihre Art interpretieren und Ihrer Kreativität in der Küche freien Lauf lassen. So wird es Ihnen nicht schwerfallen, Besuch zu empfangen und die Gesellschaft sowie das leckere Essen zu genießen.

In diesem Kapitel finden Sie ein Dreigangmenü für acht Personen, das Sie zubereiten können, wenn Verwandte oder Freunde zu Besuch kommen.

Toast mit Paprika, Tomaten und Ziegenkäse

Zubereitungszeit: 25 Minuten

Vorspeise

8 nicht zu große Scheiben Bauernbrot oder Baguette
75 ml mildes Olivenöl
75 g fester Ziegenkäse
2 Dosen Anchovisfilets, abgetropft
6 Zweige frischer Oregano
(frisch gemahlener) grober Pfeffer

Für das Tomaten-Topping:

2 mittelgroße Tomaten
1 Knoblauchzehe, fein gehackt
1 Esslöffel mildes Olivenöl
1 Esslöffel Basilikum, fein geschnitten

Für das Paprika-Topping:

2 geröstete Paprika aus dem Glas, abgetropft
1 Esslöffel mildes Olivenöl
1 Teelöffel Zitronensaft

1 Den Ofen auf 190 °C vorheizen. Das Brot mit dem Öl beträufeln, die Scheiben auf ein Backblech legen und in zehn Minuten goldbraun backen.

2 Für das Tomaten-Topping die Tomaten putzen, vierteln, die Flüssigkeit und die Kerne entfernen und das Fruchtfleisch fein schneiden. Mit Knoblauch, Öl und Basilikum vermengen.

3 Für das Paprika-Topping die Paprika in kleine Stückchen schneiden und mit Öl und Zitronensaft mischen.

4 Den Käse in grobe Rosetten schaben. Vier Brotscheiben mit dem Tomaten-Topping bestreichen und großzügig mit dem Käse garnieren. Die restlichen Brotscheiben mit dem Paprika-Topping bestreichen und mit Anchovis, Oregano und Pfeffer garnieren.

Gebratenes Entrecôte mit frischen Kräutern

Zubereitungszeit: 1 Stunde

Hauptgericht

2 kg Entrecôte am Stück
Salz und (frisch gemahlener) schwarzer Pfeffer
2 Esslöffel frische Kräuter (Rosmarin, Thymian, Petersilie), fein gehackt
4 Esslöffel Margarine

1. Den Ofen auf 125 °C vorheizen.

2. Das Fleisch mit Salz, Pfeffer und den Kräutern einreiben.

3. Die Margarine in einer Pfanne zerlassen und das Fleisch darin rundum braun anbraten. Das Fleisch aus der Pfanne nehmen und mit der fetten Seite nach oben in eine Auflaufform legen. Ein Fleischthermometer in den dicksten Teil stecken und die Auflaufform in den vorgeheizten Ofen stellen.

4. Das Entrecôte im Ofen lassen, bis die Kerntemperatur 60 °C beträgt. Anschließend aus der Auflaufform nehmen, in Alufolie wickeln und zehn Minuten ruhen lassen. Das Fleisch in Scheiben schneiden und mit Rosmarin garnieren. Schmeckt lecker mit Kartoffelpüree, grünen Bohnen und Rotweinsauce (siehe Rezept auf S. 85).

Rotweinsauce

Zubereitungszeit: 10 Minuten

Zum Hauptgericht

30 g Butter
2 Schalotten, fein gehackt
25 g Mehl
250 ml Fleischbrühe
100 ml Rotwein
½ Teelöffel Zucker
Salz und (frisch gemahlener) Pfeffer

1. Die Butter in einer Stielpfanne erhitzen und die Schalotten darin anschwitzen.
2. Das Mehl hinzufügen, unter Rühren die Brühe dazugießen und alles einige Minuten einkochen lassen.
3. Den Wein dazugeben und die Sauce mit Zucker, Salz und Pfeffer abschmecken.

Schmeckt lecker mit Entrecôte, Salzkartoffeln und Bohnen.

Tipp Wenn Sie ein neues Gericht kochen, probieren Sie in einem ruhigen Augenblick eine kleine Menge aus und nicht gleich eine ganze Mahlzeit. Rezepte sind oft für mehrere Personen veranschlagt, sodass Sie die Mengen einfach durch drei oder vier teilen können.

Windbeutel mit Schokolade und Karamell

Zubereitungszeit: 20 Minuten

Nachspeise

1 Packung Windbeutel, tiefgekühlt

Für den Butterkaramell:
75 g feiner Tafelzucker
1/2 Esslöffel Wasser
20 g Butter

Für die Schokoladendekoration:
75 g Bitterschokolade
50 g Puderzucker
50 g Butter

1 Die Windbeutel auftauen. Auf einem Teller in drei Lagen übereinanderstapeln.

2 Für den Butterkaramell Zucker und Wasser in einen Topf mit dickem Boden geben. Die Mischung kochen lassen, bis sie goldbraun ist. Anschließend die Butter unterrühren. Die Windbeutel mit dem Karamell verzieren, am besten mit einem Löffel.

3 Für die Schokoladendekoration die Schokolade im Wasserbad oder in der Mikrowelle schmelzen lassen. Puderzucker und Butter unterrühren und alles zu einer glatten Masse verarbeiten. Die Windbeutel mit der Schokolade verzieren, am besten mit einem Löffel.

10. Zusätzliche Ballaststoffe

Obstipation (Verstopfung) ist bei MS nicht selten. Die Hauptursache ist ein Mangel an Flüssigkeit im Stuhl und zu wenig Bewegung. Ein Mangel an körperlicher Aktivität verlangsamt die Darmtätigkeit. Darmträgheit kann aber auch medikamentös bedingt sein. Ebenso können Schmerzen, Depressionen und Stress entsprechende Effekte haben.

Manche Menschen mit MS trinken wenig, um ihre Blasenprobleme zu reduzieren. Doch für eine gute Verdauung braucht der Darm ausreichend Flüssigkeit. Daher ist es sehr wichtig, mindestens anderthalb Liter am Tag zu trinken. Darüber hinaus können Ballaststoffe für einen guten Stuhlgang sorgen. Dabei handelt es sich um unverdauliche Kohlenhydrate, die in Gemüse, Obst, Vollkornprodukten und Hülsenfrüchten enthalten sind. Ballaststoffe sorgen für ein Sättigungsgefühl im Magen und fördern die Verdauung.

Zudem sorgen Ballaststoffe für eine Art „Schwammeffekt". Sie binden Feuchtigkeit im Darm, sodass der Stuhl weniger hart ist.

Die Rezepte in diesem Kapitel sind für vier Personen gedacht.

Couscous mit Lammfleisch und Kichererbsen

Zubereitungszeit: 2 Stunden

600 g Lammfleisch oder Lammkeule
2 Tomaten
1 große Mohrrübe
1 kleiner Spitzkohl
1 Dose Kichererbsen (400 g)
4 Esslöffel Speiseöl
1 Zwiebel, gehackt
1 Teelöffel Ingwerpulver
3 Safranfäden
Salz und (frisch gemahlener) Pfeffer
300 g Couscous

1 Das Fleisch in kleine Stücke von jeweils circa 50 Gramm schneiden.

2 Die Tomaten häuten und das Fruchtfleisch in Stücke schneiden. Die Mohrrübe schälen, der Länge nach halbieren und die Hälften in Streifen schneiden. Den Strunk des Spitzkohls kegelförmig herausschneiden, den Kohl der Länge nach halbieren und jede Hälfte in drei bis vier Teile zerschneiden. Die Kichererbsen abspülen und in einem Sieb abtropfen lassen.

3 2 Esslöffel Öl in einer Pfanne erhitzen und das Fleisch darin unter Rühren rundum hellbraun anbraten. Zwiebel, Ingwer und Safran hinzufügen und mit Pfeffer und Salz abschmecken; alles unter Rühren noch circa eine Minute anbraten. Die Tomatenstücke und etwas warmes Wasser hinzufügen. Das Fleisch soll gerade so bedeckt sein. Die Flüssigkeit zum Kochen bringen, einen Deckel auf die Pfanne setzen und das Fleisch bei niedriger Hitze 30 Minuten schmoren.

4 Die Möhrenstreifen und die Kohlstücke dazugeben und alles circa 30 Minuten bei niedriger Hitze weiter garen. 5 Minuten vor dem Ende der Garzeit die abgetropften Kichererbsen hinzufügen.

5 In der Zwischenzeit den Couscous nach Packungsanweisung zubereiten. Mit einer Gabel körnig rühren, das restliche Öl hinzufügen und mit Salz und Pfeffer abschmecken. Den Couscous auf einer flache Schale anrichten und das Lammfleisch darauflegen.

Bulgursalat

Zubereitungszeit: 40 Minuten

175 g Bulgur
175 ml Gemüsebrühe, lauwarm
Saft von 2 Zitronen
1 Esslöffel passierte Tomaten
1/2 Chilischote, ohne Kerne, fein gehackt
4 Frühlingszwiebeln, in Ringe geschnitten
4 Esslöffel glatte Petersilie, fein gehackt
3 Esslöffel Minze, fein gehackt
4 Esslöffel Pinienkerne
3 Esslöffel Olivenöl
Paprikapulver

1 Den Bulgur mit der lauwarmen Brühe übergießen und 30 Minuten quellen lassen. Eventuell überschüssige Flüssigkeit ausdrücken.

2 Den Bulgur mit den übrigen Zutaten vermengen. Die Mischung in einer Schale anrichten und dünn mit Paprikapulver bestreuen.

Vollkorn-Körnerbrot

Zubereitungszeit: 15 Minuten/Wartezeit: 1 Stunde

500 g Backmischung für Vollkornbrot
300 ml lauwarmes Wasser
1 Esslöffel Speiseöl
25 g Pinienkerne
40 g Kürbiskerne
40 g Sonnenblumenkerne
25 g Weizenflocken

1 Die Backmischung mit Wasser und Öl vermischen. In circa zehn Minuten zu einem geschmeidigen Teig verkneten. Jeweils 15 Gramm Pinienkerne, Kürbiskerne und Sonnenblumenkerne hinzufügen und gleichmäßig unter den Teig kneten. Den Teig in einer Schüssel unter Frischhaltefolie an einem warmen Ort 30 Minuten gehen lassen.

2 Den Ofen auf 225 °C vorheizen.

3 Die übrigen Kerne und die Weizenflocken in einem tiefen Teller mischen. Den Teig noch einmal gut durchkneten, in zwei Stücke teilen und zu Kugeln formen. Die Oberseite der Kugeln jeweils mit etwas Wasser bestreichen und in die Kernmischung drücken. Die Kerne anschließend noch etwas andrücken. Die Brote mit genug Abstand zueinander auf ein Backblech legen.

4 Die Brote im vorgeheizten Ofen auf die mittlere Schiene setzen. Etwas Wasser im Ofen versprühen oder eine hitzebeständige Schale mit Wasser dazustellen. Die Brote 20–25 Minuten backen und anschließend für fünf Minuten auf einem Gitter gut abkühlen lassen.

5 Zubereitung in der Brotbackmaschine: Die Form mit Wasser füllen, Backmischung und Öl hineingeben. Alle Kerne und die Weizenflocken nach Backprogramm in den Teig geben. Anschließend das Brot in der Maschine fertig backen.

Karibischer Bohneneintopf

Zubereitungszeit: 40 Minuten

3 Esslöffel Olivenöl
1 große Zwiebel, grob gehackt
3 Knoblauchzehen, grob gehackt
1/2 Chilischote, ohne Kerne und fein gehackt
1 kleine Dose passierte Tomaten (70 g)
2 Teelöffel gemahlener Kümmel
1 Teelöffel Oregano
4 reife Tomaten, in Stücke geschnitten
500 g Kürbis, in Stücke geschnitten
1 Dose große weiße Bohnen (400 g)
1 Dose Kidneybohnen (400 g)
1 Dose Maiskörner (300 g)
Salz und (frisch gemahlener) Pfeffer

1 Das Olivenöl in einem Wok oder einer Pfanne erhitzen und die Zwiebel, den Knoblauch und die Chilischote darin anschwitzen, bis sie ihren Duft entfalten. Passierte Tomaten, Kümmel und Oregano unterrühren und weitere zwei Minuten braten. Die Tomatenstücke dazugeben und alles zu einer sämigen Sauce schmoren.

2 Den Kürbis unterrühren und das Gemüse bei mittlerer Hitze 20 Minuten garen.

3 Die Bohnen und den Mais abtropfen lassen und unter das Kürbisgemüse rühren. Die Mischung weitere fünf Minuten erwärmen. Mit Salz und Pfeffer abschmecken.

Schmeckt lecker mit Reis oder Brot und Rohkost.

Kartoffelsalat mit Artischockenherzen und Cashewkernen

Zubereitungszeit: 20 Minuten

800 g festkochende Kartoffeln
150 g grüne Bohnen, halbiert
Salz und (frisch gemahlener) Pfeffer
1 Dose Artischockenherzen, abgetropft
150 g ungesalzene Cashewkerne
1 1/2 Esslöffel Weinessig
1 Teelöffel Senf
4-5 Esslöffel Olivenöl
2 Teelöffel frische Thymianblätter
75 g Feldsalat
100 g junger Blattsalat

1 Die Kartoffeln schälen und in zwei Zentimeter große Würfel schneiden. Die Kartoffelwürfel zusammen mit den grünen Bohnen in reichlich Salzwasser in sechs bis acht Minuten bissfest garen. In einem Sieb unter kaltem Wasser abspülen.

2 Die Artischockenherzen vierteln. Die Cashewkerne in einer trockenen Pfanne goldbraun rösten.

3 In einer großen Schüssel Essig, Senf, Olivenöl, Thymian zu einem Dressing verrühren und mit Salz und Pfeffer abschmecken. Kartoffeln, Bohnen und Artischockenherzen hinzufügen und anschließend die Salate und die Hälfte der Cashewkerne luftig unterheben. Mit den restlichen Cashewkernen garnieren.

11. Kochen im Freien

Frische Luft ist sehr gesund und die Natur hat eine wohltuende Wirkung auf den Menschen.
Wer häufig in der Natur unterwegs ist, hat mehr Energie, leidet weniger unter Stress und ist seltener krank. Gehen Sie öfter mal raus: in den Wald, durch die Felder oder an den Strand. Es muss ja nicht immer eine Wander- oder Radtour sein. Mittlerweile gibt es auch viele Routen, die für Elektrofahrräder, Motorroller oder Elektromobile geeignet sind.
Der Sommer ist die beste Jahreszeit, um draußen zu essen. Vielleicht haben Sie einen Garten - das ist ein hervorragender Ort zum Kochen!
Dieses Kapitel enthält Rezepte für sommerliche Büfetts, Picknicks, Strand- und Grillpartys. Die Rezepte sind unkompliziert und erfordern nur Zutaten, die einfach erhältlich und leicht zu verarbeiten sind. Dekorieren Sie den Tisch, hängen Sie Lampen im Garten auf, sorgen Sie für ausreichenden Sonnenschutz und genießen Sie Gerichte, die wunderschön aussehen und fantastisch schmecken.

Strandparty

Der Strand kann ein toller Ort für eine festliche Mahlzeit sein, die nicht viel Arbeit macht.
Sie brauchen nur einen Einweggrill, umgedrehte Obstkisten, die als Sitzgelegenheit fungieren, ein paar einladende Grillgerichte, etwas Brot, Dips und Salate. Die Zutaten für den Grill können Sie zu Hause vorbereiten und in Alufolie gewickelt zum Strand mitnehmen.

Die Rezepte in diesem Kapitel sind für vier Personen gedacht.

Hähnchen-Spareribs mit italienischem Gemüse

Zubereitungszeit: 35 Minuten

2 rote Zwiebeln, in dünne Ringe geschnitten
2 rote Paprika, in dünne Streifen geschnitten
2 kleine Zucchinis, in Scheiben geschnitten
125 g Kastanienchampignons, in Scheiben geschnitten
1 Esslöffel getrockneter Oregano
2 Esslöffel Balsamicoessig
4 Esslöffel Olivenöl
Salz und (frisch gemahlener) Pfeffer
1 kg Hähnchen-Spareribs mit Honigmarinade (ca. 12 Stück)
Alufolie für die Päckchen

1 Zwiebeln, Paprika, Zucchini und Champignons auf mehreren Stücken Alufolie verteilen. Mit Oregano bestreuen sowie mit Balsamicoessig und drei Esslöffeln Öl beträufeln. Mit Salz und Pfeffer würzen. Die Hähnchen-Spareribs auf das Gemüse legen und die Alufolie verschließen.

2 Die Päckchen für circa zehn Minuten auf den heißen Grill legen. Nach fünf Minuten wenden. Die Hähnchen-Spareribs aus den Päckchen nehmen, mit dem restlichen Öl bestreichen und auf dem heißen Grill circa 15 Minuten rundum braun grillen.

Cajun-Garnelen mit Schinken

Zubereitungszeit: 20 Minuten

12 rohe große ungeschälte Garnelen, tiefgefroren
12 Scheiben Speck
2 Teelöffel Cajunkräuter oder Dönergewürze
2 Esslöffel Sonnenblumenöl
12 Holzspieße

Tipp Bereiten Sie so viel wie möglich im Voraus vor. So können Sie etwas umfangreichere Rezepte in Arbeitsschritte aufteilen und die einzelnen Teile im Kühlschrank oder der Tiefkühltruhe aufbewahren, bis Sie die Mahlzeit fertig zubereiten.

1 Die Schaschlikspieße für 15 Minuten in eine Schale mit Wasser legen.

2 Die Garnelen auftauen. Pellen, den Darm entfernen und mit kaltem Wasser abspülen. Anschließend mit Küchenpapier trockentupfen.

3 Jede Garnele der Länge nach auf einen Spieß stecken und mit einer Scheibe Speck umwickeln.

4 Die Cajun-Kräuter mit dem Öl verrühren und mit einem Pinsel auf die Garnelenspieße streichen.

5 Die Spieße auf dem heißen Grill circa zwei Minuten von jeder Seite schön hellbraun grillen.

Schmeckt lecker mit Aioli.

Gefüllte Minipaprika

Zubereitungszeit: 20 Minuten

8 orangefarbene Snackpaprika
1 Esslöffel Olivenöl
150 g Rinderhack
75 g Feta
1 Esslöffel mexikanische Kräuter
1 Esslöffel Koriander, fein geschnitten
8 Scheiben Frühstücksspeck

1 Die Paprikaschoten auf einer Seite der Länge nach aufschneiden und die Kerne entfernen. In einem Topf mit reichlich kochendem Wasser zwei bis drei Minuten lang bissfest garen, anschließend in einem Sieb gut abtropfen lassen.

2 Das Öl in einer Pfanne erhitzen. Das Rinderhack darin unter Rühren locker anbraten.

3 Den Feta zerkrümeln und zusammen mit den Kräutern unter das Hackfleisch mischen.
Die Paprikaschoten mit der Mischung füllen und gut zudrücken. Um jede Schote eine Scheibe Speck wickeln.

4 Die Minipaprika in einem Grillguthalter befestigen oder in Alufolie einpacken. Auf dem mittelheißen Grill circa zehn Minuten hellbraun grillen. Warm servieren und Salat, Brot und Dip dazu reichen.

Salat mit Rucola und roter Grapefruit

Zubereitungszeit: 10 Minuten

1 rote Grapefruit
100 g gemischter junger Blattsalat
30 g Rucola
16 grüne Oliven
2 Esslöffel Zitronensaft
3 Esslöffel Olivenöl
Salz und (frisch gemahlener) Pfeffer

1. Die Grapefruit schälen, die Haut entfernen und die Filets in der Mitte einmal durchschneiden. Die Salate verlesen und waschen.

2. In einer Schüssel die Salate, die Grapefruitstücke und die Oliven vermengen.

3. Aus dem Zitronensaft und dem Öl ein Dressing anrühren. Mit Salz und Pfeffer abschmecken. Das Dressing unter den Salat mischen.

Aioli

Zubereitungszeit: 10 Minuten/Backofen: 30 Minuten

2 Knoblauchzwiebeln
4 Esslöffel Mayonnaise
1 Esslöffel Zitronensaft
etwas Tabasco

1 Den Ofen auf 200 °C vorheizen.

2 Die Knoblauchzwiebeln im Ganzen auf ein Blech setzen und für 30 Minuten auf der mittleren Schiene des Ofens backen. Aus dem Ofen nehmen und die Unterseite abschneiden. Knoblauchzehe mit einem Messer zerdrücken und nur das feine Mark verwenden.

3 Knoblauchmark fein hacken und mit der Mayonnaise vermischen. Den Zitronensaft darunterrühren, und die Mayonnaise mit einigen Tropfen Tabasco würzen.

Muffins mit Rhabarberfüllung

Zubereitungszeit: 35 Minuten/Wartezeit: 1 Stunde

250 g Mehl
1/2 Päckchen Trockenhefe (à 7 g)
1 Teelöffel Salz
1 Esslöffel Zucker
1 Teelöffel Zimt
1/2 Teelöffel Kümmel
1/2 Teelöffel Ingwerpulver
200 ml lauwarme Milch
1 Esslöffel Speiseöl
250 g Rhabarberkompott

1 Das Mehl mit Hefe, Salz, Zucker, Zimt, Kümmel und Ingwer in einer Schüssel vermischen. Die Milch dazugießen und alles gut vermengen. Die Schüssel mit einem Tuch abdecken, und den Teig eine Stunde lang an einem warmen Ort gehen lassen.

2 Den Ofen auf 180 °C vorheizen.

3 Eine Muffinform mit Butter einfetten oder acht gut eingefettete Papierförmchen verwenden. In jedes Förmchen zwei Esslöffel Teig füllen, und die Muffins auf der mittleren Schiene des Ofens in zwanzig Minuten goldbraun backen.

4 Die Muffins aus dem Ofen nehmen und etwas abkühlen lassen. Anschließend aufschneiden und mit dem Rhabarberkompott füllen.

Marinierter gegrillter Thunfisch mit Sesam

Zubereitungszeit: 5 Minuten/Wartezeit: 1 Stunde

Für die Marinade:
3 Esslöffel Olivenöl
1 Esslöffel Sesamöl
1 Esslöffel Zitronensaft
1 Stück frischer Ingwer (ca. 1 cm), fein gerieben
2 Esslöffel Sesam
2 Esslöffel frischer Koriander, fein gehackt
Salz und (frisch gemahlener) Pfeffer

4 frische Thunfischsteaks (2 cm dick)

1. Die Zutaten für die Marinade vermischen.

2. Die Thunfischsteaks unter kaltem Wasser abspülen und mit Küchenpapier trocken tupfen. Anschließend in eine Schüssel legen und die Marinade darübergießen. Den Fisch zugedeckt eine Stunde lang im Kühlschrank ziehen lassen. (Thunfisch nicht länger als vier Stunden marinieren!) Nach einer halben Stunde die Steaks einmal wenden.

3. Den Thunfisch auf ein Gitter legen und auf den sehr heißen (!) Grill legen. Zwei Minuten von jeder Seite grillen. Die Steaks sollen innen noch nicht ganz durch sein.

Tipp **Bist du gerne draußen und willst du das Leben im Freien in vollen Zügen genießen? Dann ist das sehr beliebte draußen Kochen die ideale Lösung für dich!**

Linsenburger mit Ananassalsa

Zubereitungszeit: 25 Minuten

100 g Ananasstücke, sehr fein geschnitten
1 Frühlingszwiebel, in Ringe geschnitten
2 Teelöffel Sambal Oelek
1 Esslöffel Zitronensaft
2 Esslöffel frischer Koriander, fein gehackt
6 Scheiben altes Vollkornbrot
100 ml Vollmilch
3 Esslöffel Speiseöl
1 Zwiebel, gehackt
1/2 Esslöffel Currypulver
1 Dose Linsen (400 g), abgetropft
1-2 Esslöffel Sojasauce
Salz und (frisch gemahlener) Pfeffer
2-3 Esslöffel Paniermehl
etwas Speiseöl zum Bestreichen

1 Bereiten Sie zunächst die Salsa zu. Hierfür Ananas, Frühlingszwiebel, Sambal Oelek, Zitronensaft und Koriander in einer Schüssel vermengen und 15 Minuten ziehen lassen.

2 Das Brot in der Zwischenzeit in Milch einweichen.

3 1 Esslöffel Öl in einer Stielpfanne erhitzen und darin die Zwiebel mit dem Currypulver zwei bis drei Minuten lang anschwitzen.

4 Das Brot gut ausdrücken und mit den Linsen, der Zwiebelmischung und der Sojasauce in der Küchenmaschine zu einem dicken Püree verarbeiten. Mit Salz und Pfeffer abschmecken. Wenn die Mischung nicht fest genug ist, eventuell noch etwas Paniermehl hinzufügen. Aus dem Teig vier Burger formen.

5 Ein Stück Alufolie doppelt falten, mit Öl bestreichen und die Linsenburger darauflegen. Auf dem heißen Grill ungefähr sechs Minuten von jeder Seite braun grillen.

Salat mit Maasdammer und Erdbeeren

Zubereitungszeit: 15 Minuten

200 g Zuckerschoten
250 g Erdbeeren
200 g Maasdammer
4 Esslöffel Erdbeermarmelade
2 Esslöffel Rotweinessig
6 Esslöffel Olivenöl
1 Esslöffel Minze, fein gehackt
150 g Feldsalat
2 Esslöffel Sonnenblumenkerne

1 Die Zuckerschoten in Salzwasser in zwei Minuten bissfest kochen. Unter kaltem Wasser abspülen und in einem Sieb abtropfen lassen.

2 Die Erdbeeren waschen, das Grün entfernen, und die Beeren jeweils halbieren. Den Käse in Würfel schneiden.

3 In einem Topf die Erdbeermarmelade mit einem Esslöffel Wasser erwärmen, bis die Marmelade flüssig ist. In einer Schüssel mit Essig, Öl und Minze verrühren. Die Hälfte des Dressings unter den geputzten Feldsalat mischen.

4 Den Feldsalat zusammen mit den Zuckererbsen, den Erdbeeren, dem Käse und den Sonnenblumenkernen auf Tellern anrichten. Das restliche Dressing mit einem Löffel darübergeben.

Kartoffelsalat mit Dill

Zubereitungszeit: 45 Minuten/Wartezeit: 1 Stunde

1 kg festkochende Kartoffeln
200 ml warme Gemüsebrühe
2 Esslöffel Dill, fein geschnitten
200 ml saure Sahne
Salz und (frisch gemahlener) Pfeffer
2 rote Zwiebeln, gehackt
1 Bund Radieschen, in Scheiben geschnitten
einige Dillzweige zum Garnieren

1 Die Kartoffeln säubern und in der Schale circa 20 Minuten kochen. Die Kartoffeln so warm wie möglich pellen, in Scheiben schneiden und mit der Brühe übergießen. 30 Minuten ziehen lassen.

2 Den Dill unter die saure Sahne mischen, mit Salz und Pfeffer abschmecken. Zwiebeln, Radieschen und Dressing mit den Kartoffeln vermengen.

3 Den Kartoffelsalat für eine Stunde im Kühlschrank ziehen lassen.

4 Den Salat auf Tellern anrichten und mit Dill garnieren.

Acqua fresca mit Melone

Zubereitungszeit: 10 Minuten

1 Limette
1 kleine reife Honigmelone (ca. 1 Kilo)
4 Esslöffel Zucker
750 ml eiskaltes Wasser
Einige frische Minzzweige zum Garnieren

1 Die Limette auspressen.

2 Die Melone in der Mitte durchschneiden und die Kerne entfernen. Vier dünne Scheiben aus dem Fruchtfleisch schneiden und zurücklegen. Das übrige Fruchtfleisch kleinschneiden und zusammen mit Zucker, Wasser und Limettensaft in einem Mixer pürieren. Die Mischung in hohe Gläser oder eine Kanne gießen.

3 Das Acqua fresca mit den Melonenstücken und der Minze garnieren.

Schmeckt lecker mit zerkleinerten Eiswürfeln.

Indisches Naanbrot mit Hähnchencurry und Kürbis

Zubereitungszeit: 20 Minuten

2 fertige Naanbrote zum Aufbacken
200 g Kürbis
300 g Hühnerbrustfilet
2 Esslöffel Speiseöl
1 Esslöffel Currypulver
Salz und (frisch gemahlener) Pfeffer
100 ml Kokosmilch
1 Esslöffel Zitronensaft
1 Schale Alfalfasprossen

Tipp Was könnte schöner sein als ein Tag im Wald oder im Park? Verbringen Sie eine schöne Zeit mit Familie, Freunden und Kindern im Grünen. Es kann auch sehr schön sein, zu zweit im Gras zu liegen und zu lesen. Ein Picknickkorb oder eine gut gefüllte Kühltasche sollten dabei nicht fehlen.

1 Die Naanbrote nach Packungsanweisung aufbacken.

2 Den Kürbis schälen und in kleine Würfel schneiden. Das Hühnerbrustfilet in Streifen schneiden.

3 Das Öl in einer Pfanne erhitzen und das Hühnerbrustfilet zusammen mit dem Kürbis und dem Currypulver unter Rühren für zwei Minuten bei starker Hitze anbraten. Mit Salz und Pfeffer abschmecken. Kokosmilch und Zitronensaft hinzufügen und weitere vier Minuten köcheln lassen.

4 Die Naanbrote der Länge nach einschneiden und mit Alfalfasprossen und Hähnchencurry füllen. Die Brote in Alufolie wickeln und bis zur Verwendung im Kühlschrank aufbewahren.

Mehrkornbrot mit zwei Käsesorten

Zubereitungszeit: 10 Minuten

4 Scheiben Mehrkornbrot
40 g Frischkäse
Salz und (frisch gemahlener) Pfeffer
6 Radieschen
1 Schale Rucolakresse oder Gartenkresse
4 Scheiben Senfkäse

1 Die Radieschen in dünne Streifen schneiden.

2 Die Brotscheiben mit Frischkäse bestreichen und nach Geschmack mit Salz und Pfeffer würzen. Die Radieschenstifte auf dem Käse verteilen. Den Senfkäse in Streifen schneiden und auf den Brotscheiben verteilen. Mit der Kresse garnieren.

3 Die Brotscheiben in Frischhaltefolie verpacken und in eine Brotdose legen. Bis zum Verzehr im Kühlschrank aufbewahren.

Pfannkuchenröllchen mit Erdbeersahne

Zubereitungszeit: 10 Minuten

50 ml Schlagsahne
100 g Frischkäse
3 Esslöffel Erdbeermarmelade
4 fertige Pfannkuchen

1. Die Sahne steif schlagen. Den Frischkäse und die Erdbeermarmelade miteinander verrühren und die Sahne unterheben.

2. Die Pfannkuchen zur Hälfte mit der Erdbeersahne bestreichen und von der bestrichenen Seite her aufrollen.

3. Die Pfannkuchen einmal durchschneiden und einzeln in Frischhaltefolie verpacken. Bis zum Verzehr im Kühlschrank aufbewahren.

Orangen-Erdbeer-Smoothie

Zubereitungszeit: 10 Minuten

250 g Erdbeeren
250 ml frischer Orangensaft
600 ml fettarmer Joghurt
1 Esslöffel Honig
4 kleine frische Minzzweige

1 Die Erdbeeren putzen und vier schöne Beeren zum Verzieren zurücklegen. Den Rest in den Mixer oder die Küchenmaschine geben.

2 Orangensaft, Joghurt und Honig hinzufügen und alles zu einem schaumigen Getränk aufschlagen.

3 Den Smoothie in hohe Gläser gießen und jeweils mit einer Erdbeere und einem Minzzweig garnieren.

Tipp **Fällt es Ihnen schwer, jeden Tag ausreichend Obst und Gemüse zu sich zu nehmen? Wie wäre es dann mit einem Smoothie? Diese herrlich erfrischenden und gesunden Kaltgetränke bestehen aus gemischtem frischem oder tiefgefrorenem Obst oder Gemüse.**

Buttermilchsmoothie

Zubereitungszeit: 15 Minuten

100 g Mohrrüben, in Scheiben geschnitten
eine Prise Salz
1 Teelöffel Zucker
2 Pfirsiche, sehr reif oder aus der Dose
1 Limette
500 ml Buttermilch
Pfeffer

1. Die Mohrrüben mit Salz und Zucker in fünf Minuten gar kochen. Anschließend pürieren und das Püree abkühlen lassen.
2. Gegebenenfalls die Pfirsiche schälen und das Fruchtfleisch pürieren.
3. Die Limette unter fließendem Wasser abwaschen und die Schale abreiben. Die Frucht halbieren und den Saft auspressen.
4. Mohrrüben- und Pfirsichpüree mit einem Teelöffel des Limettenabriebs, einem Esslöffel Limettensaft und der Buttermilch vermischen. Mit Pfeffer abschmecken.
5. Den Smoothie in hohe Gläser gießen.

Zitronensmoothie

Zubereitungszeit: 10 Minuten

125 g Erdbeeren
200 g fettarmer Zitronenquark
2 Esslöffel Zitronensirup
10 Eiswürfel

1 Die Erdbeeren unter kaltem Wasser abwaschen und das Grün entfernen.

2 Die Erdbeeren in der Küchenmaschine oder mit einem Stabmixer pürieren. Quark, Zitronensirup und Eiswürfel dazugeben. Zu einer sämigen Mischung mixen. Gegebenenfalls mit kaltem Wasser verdünnen.

3 Den Smoothie in hohe Gläser gießen.

Rooibosshake mit Melone

Zubereitungszeit: 10 Minuten/Wartezeit: 1 Stunde

1 Beutel Rooibostee
500 ml Wasser
1 Zimtstange
1 Päckchen Vanillezucker
250 g Melone

1 Das Wasser zum Kochen bringen und den Rooibostee in einer Teekanne zubereiten. Die Zimtstange dazugeben und den Vanillezucker in den Tee rühren.

2 Nach zehn Minuten die Zimtstange und den Teebeutel aus der Kanne nehmen. Den Tee eine Stunde im Kühlschrank abkühlen lassen.

3 Vier dünne Scheiben aus der Melone schneiden. Den Rest des Melonenfleischs mit einem Stabmixer pürieren und unter den kalten Tee rühren.

4 Den Shake in hohe Gläser gießen und mit einer Scheibe Melone garnieren.

Tomaten-Sellerie-Shake

Zubereitungszeit: 5 Minuten

6 Tomaten
6 dünne Selleriestangen
600 ml Joghurt
1 Esslöffel rotes Pesto
Salz und (frisch gemahlener) Pfeffer

1 Die Tomaten häuten und in Stücke schneiden.

2 Die Selleriestangen waschen, eventuelle Fäden an den Seiten entfernen. Zwei der Stangen in Stücke schneiden.

3 Tomaten, Selleriestücke und Joghurt mit einem Stabmixer oder in der Küchenmaschine pürieren. Mit Pesto, Salz und Pfeffer abschmecken.

4 Den Shake in vier hohe Gläser gießen und mit jeweils einer Selleriestange garnieren.

Avocado-Limetten-Shake mit Koriander

Zubereitungszeit: 10 Minuten

2 Limetten
2 reife Avocados
400 ml Joghurt
2 Esslöffel Koriander, fein gehackt
300 ml Mineralwasser mit Kohlensäure
10 Tropfen Tabasco
Salz und (frisch gemahlener) Pfeffer

1. Eine Limette auspressen, die andere zum Garnieren verwenden.

2. Die Avocados halbieren und die Kerne entfernen. Das Fruchtfleisch aus den Hälften löffeln und direkt mit Limettensaft beträufeln.

3. Avocado, Joghurt und Koriander mit einem Stabmixer oder in der Küchenmaschine zu einer glatten Mischung pürieren. Dabei nach und nach das Mineralwasser hinzufügen, sodass ein schaumiges Getränk entsteht.

4. Den Shake mit Tabasco, Salz und Pfeffer abschmecken.

5. In vier hohe Gläser gießen und mit der übrigen Limette garnieren.

12. Kochen mit Liebe

Dieses Kochbuch endet mit Liebe! Es soll ein schöner und positiver Abschluss sein, der das Leben feiert. Das ist gut für das Familienleben, für soziale Kontakte und die Arbeit. So werden Beziehungen gepflegt, und die Lebensqualität wird verbessert.

Die Diagnose MS hat auch Auswirkungen auf Ihren Partner. Wenn Sie aufgrund einer chronischen Krankheit viel durchmachen, unter Symptomen, Einschränkungen und Stress leiden, kann die Aufmerksamkeit füreinander schon mal nachlassen. Daher ist es wichtig, die Liebe, die Paarbeziehung auf die Tagesordnung zu setzen.

Nehmen Sie sich Zeit nur für sich zu zweit, und wählen Sie ein Gericht aus, das Sie gerne zusammen kochen möchten. Das kann ein Familienrezept sein, aber auch etwas ganz Neues. Gehen Sie zusammen in die Küche, teilen Sie sich die Aufgaben beim Vorbereiten und Kochen auf und spielen Sie passende Musik, die bei Ihnen beiden positive Erinnerungen weckt: Das alles sind Zutaten, die dafür sorgen, dass Sie aufeinander achten.

Alle Rezepte in diesem Kapitel sind für zwei Personen gedacht. Treffen Sie eine Auswahl aus den Gerichten und kreieren Sie so Ihr eigenes Menü.

Würziges Käsefondue

Zubereitungszeit: 15 Minuten

400 ml trockener Weißwein
100 g Frischkäse
150 g Blauschimmelkäse (Roquefort, Gorgonzola, Danish Blue)
350 g mittelalter Gouda, gerieben
1 Esslöffel Speisestärke
3 Esslöffel Kornbrand
(frisch gemahlener) weißer Pfeffer
Baguette
Maisbrot, getoastet
Chicoréeblätter
Birnen, in Stücke geschnitten

1 Den Wein in einem Fonduetopf erhitzen, bis er fast kocht. Die Hitze reduzieren, den gesamten Käse dazugeben und unter Rühren schmelzen. Die Mischung darf nicht kochen.

2 Die Speisestärke mit dem Kornbrand zu einem Brei vermengen und anschließend unter den geschmolzenen Käse rühren. Das Fondue mit Salz und Pfeffer abschmecken.

3 Das Fondue mit Brot, Chicorée und Birne servieren.

Liebessuppe

Zubereitungszeit: 5 Minuten

1 kg Tomaten
2 Zwiebeln
2 Knoblauchzehen
500 ml Gemüsebrühe
1 Teelöffel getrockneter Thymian
Salz und (frisch gemahlener) Pfeffer
125 ml Crème fraîche
einige Petersilienbüschel

Tipp **Knusprige Käse-Schmetterlinge.** **Sie können sie fertig kaufen oder ganz einfach selbst machen. Formen Sie aus Blätterteig Schmetterlinge, die Sie mit einem aufgeschlagenen Ei bestreichen. Die Schmetterlinge mit geriebenem Parmesankäse bestreuen. Auf ein Backblech legen und 20 Minuten im vorgeheizten Backofen bei 200 °C backen**

1. Die Tomaten waschen und halbieren. Die Zwiebeln fein würfeln, den Knoblauch sehr fein hacken.

2. In einem großen Topf die Brühe mit Tomaten, Zwiebeln, Knoblauch und Thymian zum Kochen bringen und die Tomaten in ungefähr 20 Minuten garen.

3. Die Mischung mit einem Stabmixer pürieren und mit etwas Salz und Pfeffer würzen.

4. Die Tomatensuppe in Schälchen geben. Anschließend jeweils mit einem Löffel Crème fraîche und ein paar Petersilienbüscheln garnieren.

Schmeckt lecker mit knusprigen Käse-Schmetterlingen.

Pilzsoufflé mit Trüffelöl

Zubereitungszeit: 20 Minuten/Backofen: 20 Minuten

50 g getrocknete Steinpilze
200 ml heißes Wasser
Butter zum Einfetten
1 Esslöffel Sonnenblumenöl
50 g Champignons, in Stücke geschnitten
Salz und (frisch gemahlener) Pfeffer
10 g Butter
10 g Mehl
1 Ei
2 Teelöffel Trüffelöl

1 Die Steinpilze unter heißem Wasser abspülen. 15 Minuten lang in heißem Wasser einweichen lassen. Den Ofen auf 175° C vorheizen. Zwei Auflaufschälchen oder hitzebeständige Tassen mit Butter einfetten.

2 Die Steinpilze aus dem Wasser nehmen und kleinschneiden. Die Einweichflüssigkeit durch einen Kaffeefilter gießen und aufbewahren. Öl in einer Pfanne erhitzen und darin die Steinpilze und die Champignons zwei Minuten bei hoher Temperatur anbraten. Mit Salz und Pfeffer abschmecken. Abkühlen lassen.

3 Die Butter in einer kleinen Pfanne zergehen lassen und das Mehl hinzufügen. Bei niedriger Temperatur unter Rühren eine Minute lang anschwitzen. Nach und nach die Flüssigkeit von den Steinpilzen angießen. Zu einer glatten Sauce verrühren und den Topf vom Herd nehmen.

4 Das Ei trennen. Das Eiweiß steif schlagen, das Eigelb unter die etwas abgekühlte Sauce rühren. Anschließend auch das Eiweiß unterheben.

5 Die Sauce in die Auflaufförmchen gießen. Die Soufflés in 20 Minuten goldbraun backen.

6 Die Soufflés aus dem Ofen nehmen und das Trüffelöl mit einem Löffel darübergeben. Sofort servieren.

Tournedos mit Senfsahne

Zubereitungszeit: 15 Minuten

2 Filetsteaks, je 150 g (nicht flachgeklopft)
2 Scheiben Frühstücksspeck
25 g Butter
2 Esslöffel Armagnac oder Cognac
1 Esslöffel scharfer Dijonsenf
125 ml Schlagsahne
Salz und (frisch gemahlener) Pfeffer
2 Thymianzweige

1 Jedes Fleischstück mit einer Scheibe Speck umwickeln.

2 Die Butter in einer Pfanne zerlassen, bis der Schaum verschwunden ist. Das Fleisch darin in vier bis sechs Minuten schön braun braten, nach der Hälfte der Zeit wenden. Das Fleisch soll innen noch rosa sein.

3 Den Armagnac über das Fleisch träufeln und die Flüssigkeit verdampfen lassen.

4 Das Fleisch auf einen vorgewärmten Teller legen und unter Alufolie warmhalten. Senf und Sahne in das Bratfett einrühren und angebackene Reste lösen. Die Flüssigkeit bei starker Hitze zu einer glatten Sauce einkochen lassen.

5 Die Sauce mit Salz und Pfeffer und eventuell etwas Senf abschmecken. Die Tournedos auf zwei angewärmte Teller legen und mit der Sauce anrichten. Das Fleisch mit den Thymianzweigen garnieren.

Schmeckt lecker mit gegrillten halben Tomaten sowie einem Salat von grünen Bohnen mit Frühlingszwiebelringen und kleingeschnittenen schwarzen Oliven.

Auf der Haut gebratenes Barbenfilet mit scharfer Paprikasauce

Zubereitungszeit: 20 Minuten

100 g frische Tagliatelle
4 Esslöffel Olivenöl
1 kleine Zwiebel, gehackt
1 gelbe Paprika, in grobe Stücke geschnitten
150 ml Gemüsebrühe
Saft von 1 Orange
1 Esslöffel süße Chilisauce
Salz und (frisch gemahlener) Pfeffer
2 Barbenfilets mit Haut

1. Die Tagliatelle nach Packungsanweisung kochen.
2. 1 Esslöffel Olivenöl in einem Topf erhitzen, Zwiebel und Paprika darin anbraten. Einen Deckel auf den Topf setzen und die Mischung fünf Minuten schmoren lassen.
3. Mit Brühe und Orangensaft ablöschen und die Sauce bei mittlerer Hitze zehn Minuten köcheln lassen. Die Sauce mit einem Stabmixer pürieren. Chilisauce hinzufügen und mit Salz und Pfeffer abschmecken. Die Sauce eventuell mit etwas Wasser verdünnen.
4. Die Barbenfilets mit Salz und Pfeffer würzen.
5. Das restliche Öl in einer Pfanne erhitzen. Die Filets bei starker Hitze drei Minuten auf der Hautseite anbraten. Anschließend wenden und die andere Seite eine weitere Minute braten.
6. Die Filets auf einem Bett aus Tagliatelle mit der Paprikasauce servieren und dazu grünen Salat reichen.

Feigenkekse

Zubereitungszeit: 20 Minuten

6 dünne Scheiben indonesischer Kuchen
Feigenmarmelade
1 frische Feige

1 Die Kuchenstücke auf einer Seite mit der Feigenmarmelade bestreichen und jeweils drei Stücke aufeinander stapeln. Mit einer runden Ausstechform zwei Kreise aus jedem Stapel ausstechen.

2 Die Feige vierteln und jeden Stapel mit einem Viertel verzieren.

Makronen mit Pistazienfüllung

Zubereitungszeit: 20 Minuten

4 fertige Makronen
etwas Amaretto
1 Orange
100 ml Schlagsahne
1 Teelöffel Zucker
1 Esslöffel ungesalzene Pistazienkerne, fein gehackt, oder gehobelte Mandeln

1 Die Makronen mit einem Teelöffel etwas aushöhlen und mit ein wenig Amaretto beträufeln.

2 Die Orange waschen, die Schale abreiben und fein hacken.

3 Die Sahne mit dem Zucker steif schlagen. Die Pistazienkerne und eine Messerspitze Orangenabrieb unterrühren.

4 Jede Makrone mit einem Teelöffel der Masse füllen und mit etwas Orangenabrieb garnieren.

Erdbeeren und Nugat mit Schokolade

Zubereitungszeit: 20 Minuten

100 g Erdbeeren
100 g Bitterschokolade
1 Esslöffel Sahne
100 g Nugat

1 Die Erdbeeren waschen und gut abtrocknen, aber nicht putzen.

2 Die Schokolade im Wasserbad schmelzen und die Sahne hineinrühren.

3 Die Erdbeeren und das Nugat zur Hälfte in die flüssige Schokolade tauchen und anschließend abkühlen lassen.

Crème brûlée

Zubereitungszeit: 25 Minuten/Backofen: 1 Stunde

1 Vanilleschote
200 ml Schlagsahne
100 ml Milch
60 g feiner Tafelzucker
3 Eier
2 Esslöffel Rohrzucker

1 Den Ofen auf 140 °C vorheizen. Die Vanilleschote aufschneiden und auskratzen. Die Sahne mit der Milch, der Hälfte des Tafelzuckers und der Vanille in einem Topf mit dickem Boden zum Kochen bringen. Den Topf vom Herd nehmen und rühren, bis sich der Zucker aufgelöst hat.

2 Die Eier trennen, die Eigelbe und ein Eiweiß in einer Schüssel mit dem übrigen Tafelzucker aufschlagen. Einige Löffel von der Sahnemischung unterrühren und anschließend alles unter Rühren in den Topf zurückgießen.

3 Zwei kleine Auflaufformen mit der Creme befüllen. In eine große Bratpfanne stellen und diese mit kochendem Wasser füllen. Die Formen sollten zu zwei Dritteln im Wasser stehen. Die Pfanne auf die mittlere Schiene des Ofens stellen und die Creme circa eine Stunde lang backen. Aus dem Ofen nehmen, wenn die Creme sich fest anfühlt (nur in der Mitte noch nicht).

4 Abkühlen lassen und den Grill vorheizen.

5 Den Rohrzucker über die Creme streuen. Die Förmchen unter den Grill stellen, bis der Zucker geschmolzen ist. Alternativ können Sie auch mithilfe eines Gasbrenners eine Schicht Karamell auf die Creme brennen.

Anhang: Ergonomie

Elektrische Küchengeräte können bei der Zubereitung des Essens viel Zeit und Arbeit ersparen. Wenn Sie weniger Gefühl in den Händen haben, können Sie das Hacken und Schneiden von Zutaten größtenteils der Maschine überlassen. Bei Sensibilitätsstörungen sind außerdem Küchengeräte und Besteck mit stabilen, angepassten Griffen sehr angenehm. Bei der Vorbereitung ist es praktisch, einen speziellen Fingerschutz zu verwenden.

Auch andere Symptome wie Müdigkeit, Kraftverlust und Koordinationsstörungen wirken sich auf das Kochen aus. Glücklicherweise gibt es mittlerweile viele praktische Hilfen, welche die Küchenarbeit erleichtern. Ein (mobiler) Küchenhocker etwa kann sehr praktisch sein, wenn Sie Ihre Beine nicht mehr so gut gebrauchen können oder erschöpft sind. Haben Sie weniger Kraft in einem Arm oder einer Hand? Es gibt viele ergonomische Hilfsmittel für Menschen, die auf diese Weise eingeschränkt sind, beispielsweise spezielle Dosen- oder Flaschenöffner.

Außerdem ist es sehr praktisch, auf der Arbeitsfläche in der Küche eine Antirutschmatte zu verwenden. Sie verhindert, dass Schneidebretter oder Rührschüsseln wegrutschen.

Auf der Internetseite www.rehadat-hilfsmittelportal.de finden Sie allerlei ergonomische Hilfsmittel.

Weiterführende Literatur

Gesunde Ernährung

Eine ausgewogene, bewusste Ernährung trägt erheblich zum allgemeinen Gesundheitszustand bei. Informationen und Literaturangaben zum Thema „Gesunde Ernährung" finden Sie auf der Webseite der Deutschen Gesellschaft für Ernährung (www.dge.de). Auf der Webseite http://www.inform24.de/praktisch.html finden Sie Hinweise zu einzelnen Lebensmitteln. Grundlage der Empfehlungen ist der so genannte Ernährungskreis.

Über Multiple Sklerose

Umfassende Informationen zu der Krankheit Multiple Sklerose finden Sie auf der Homepage der Deutschen Multiple Sklerose Gesellschaft: www.dmsg.de.

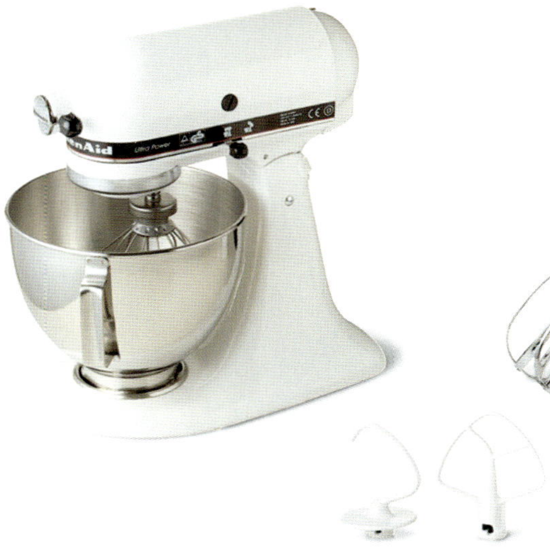
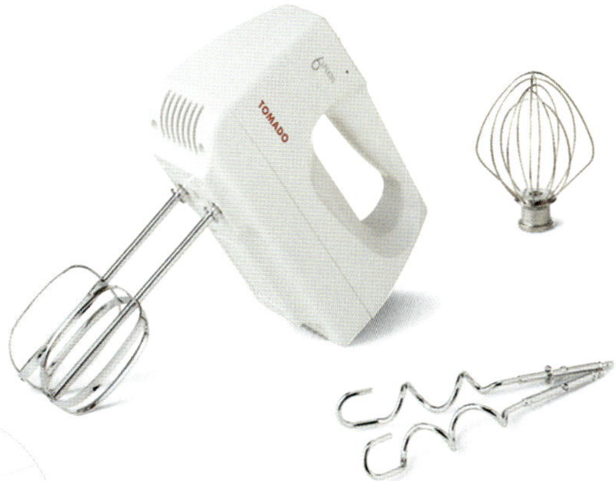
TOMADO

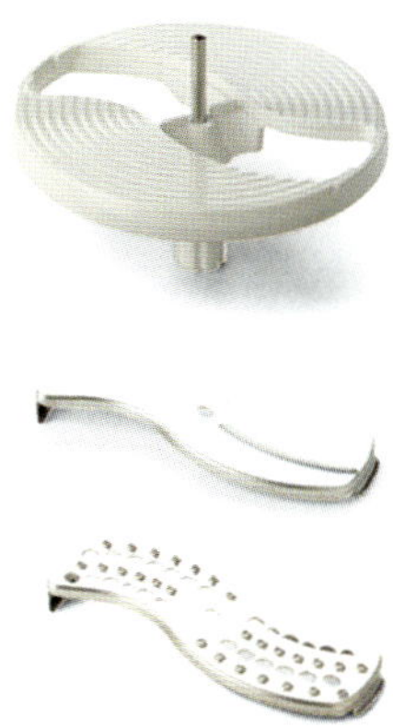
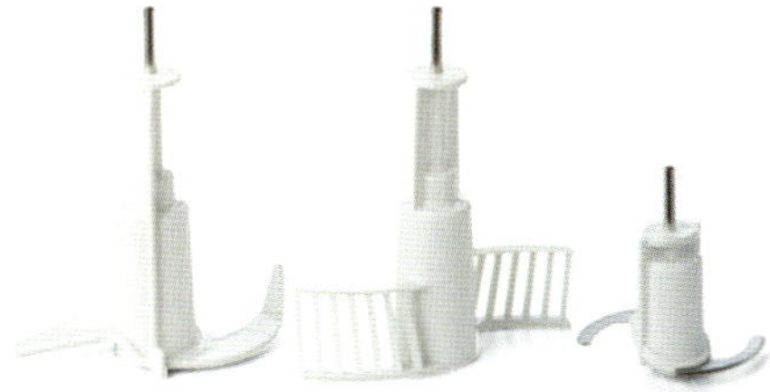
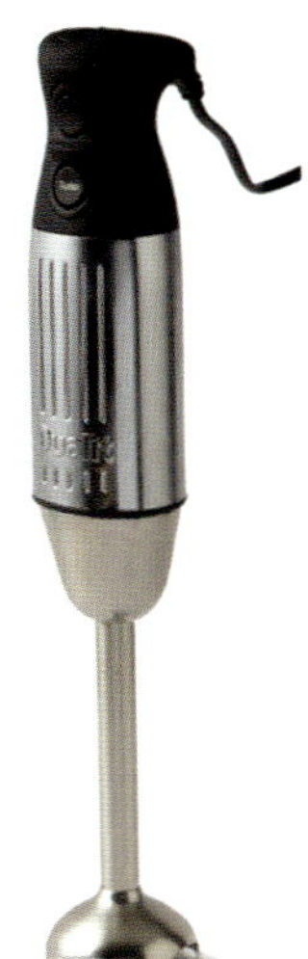

Danksagung

„Gibt es eigentlich ein Kochbuch für Menschen mit Multipler Sklerose?“
Was mit dieser Frage einer einzelnen Person begann, ist zu einem Projekt angewachsen, an dem viele Menschen mit großer Begeisterung mitgearbeitet haben.
Zuerst möchte ich Frits Poiesz danken, wo die niederländische Originalausgabe erschienen ist. Ich hatte das Glück, bei einem Verlag zu landen, der jahrelange Erfahrung mit der Veröffentlichung von Kochbüchern hat.
Frits, du hast die Rahmenbedingungen optimiert und mich bei jedem Schritt des Entwicklungsprozesses begleitet. Ich erinnere mich gern an unsere Gespräche bei mir zu Hause am Esstisch. Danke für die gute Zusammenarbeit.
Gijs Overbeek ist Logopäde im Schluckteam am Medisch Spectrum Twente. Danke für deinen Beitrag zum Thema Schluckstörungen bei Multipler Sklerose. Du hast viel Erfahrung mit neurologischen Patienten, und ich finde es wundervoll, dass du sofort für dieses Buch zu begeistern warst und deine Mitarbeit zugesichert hast.
Ich danke dem MS-Neurologen Dr. Jik Nihom, der die medizinischen Aspekte in diesem Buch mit seiner professionellen Kompetenz überprüft hat. Jik, ich bin froh, dass ich jeden Tag mit dir zusammenarbeiten darf. Danke auch dafür, dass du das Manuskript kommentiert hast.
Meine Schwester Kirsten hat mich unterstützt und mir mit dem Manuskript geholfen.
Aus dem Blickwinkel einer Diätberaterin hat Petra van de Vis das Manuskript sehr kritisch gelesen und wichtige Ergänzungen angebracht. Vielen Dank dafür!

Niels und Laura van Gemert: Es ist großartig, so einen lieben Sohn und so eine liebe Tochter zu haben. Ihr habt Mama mit dem Kapitel „Kochen mit Kindern“ viel geholfen. Alle Rezepte habt ihr selbst ausgesucht, was zu überraschenden Ergebnissen führte. Ihr Lieben, vielen Dank dafür, denn wer weiß besser als die Kinder selbst, was Kinder gerne kochen?
Lieber Wim, vielen Dank für deinen Beitrag, deine Ideen und deine Unterstützung. Nicht zuletzt durch dich hat das Buch den richtigen Drive bekommen.

Außerdem großen Dank an Joyce, Barend, Henriëtte, Monique, Huub, Marc, Magdalena, Colette, Jos, Martijn, Christine sowie alle Verwandten und Freunde, die mich unterstützt haben.

Astrid

Index